Michael Cöllen
Laß uns für die Liebe kämpfen

Michael Cöllen

Laß uns für die Liebe kämpfen

Der neue Weg aus der Partnerkrise:
Gestalttherapie für Paare

Kösel-Verlag München

Für Julia

3. Auflage 1995
© 1984 by Kösel-Verlag GmbH & Co., München
Printed in Germany. Alle Rechte vorbehalten
Gesamtherstellung: Kösel, Kempten
Umschlag: Günther Oberhauser, München, unter Verwendung
eines Fotos von Hilde König, Dortmund.
ISBN 3-466-34096-9

Inhalt

Vorwort 7

**1 Partnerschaft: Grundmodell menschlicher Lebens-
form**. 9

Zeit zur Wende 11 – Ursachen der Partnerprobleme 15 –
Die krisenhaften Phasen 21 – Auf der Suche nach Lösungen
32 – Bilder vom Sinn zwischen Frau und Mann 35 –
Partnerschaft als Polarität 38 – Partnerschaft als Bewegung
40

2 Partnerkonflikte im Methodenstreit 44

Methodenvergleich 45 – Grundlagen der Partnerschaft 54 –
Partnersynthese und ihre theoretischen Grundlagen 58

3 Partnerprobleme und Partnerstile 64

Partnerprobleme aufgrund persönlicher Schwierigkeiten 64
– Die Entstehung von Partnerstilen 67 – Das Zusammenwirken der Partnerstile 84

4 Gestalttherapeutische Paartherapie 95

Das Vier-Phasen-Modell der Gestalt-Therapie (Tetradi-
sches Modell) 96 – Die Initialphase 98 – Die Aktionsphase
104 – Die Phase der Integration 113 – Die Phase der
Neuorientierung 119 – Überblick über die Gestalt-Paartherapie 121

5 Partnertherapie in Gruppenform mit Übungsbeispielen 123

Besondere Vorteile 123 – Besondere Nachteile 130 – Der therapeutische Ablauf in Übungen 135

6 Wie können Partner ihre Probleme lösen? 151

Lebensplanung 153 – Prozeßorientierung und Partnerphasen 157 – Körperlichkeit 161 – Wissen durch Verstehen 174 – Umwelt 177 – Im Konfliktstadium 182 – Aktive Auseinandersetzung und Partnerstile 190

Literatur 193

Register 199

Wer Liebe hat im Kampf,
trägt den Sieg

Laotse

Vorwort

Für die meisten von uns gibt es kaum tiefere Verletzungen und Enttäuschungen als gerade im Lebensbereich Partnerschaft – oft werden wir dadurch bis ins Mark, bis in die innerste Seele erschüttert. Einige verzweifeln, andere fliehen in das Alleinsein oder lassen ihre Gefühle sterben. Resignation, Scheidung und Partnerwechsel sind dann eher Ausdruck von Hilflosigkeit als echte Lösung.

Mich erstaunt daran, daß wir in dieser Zukunftswelt von heute immer noch versuchen, unsere Liebesbeziehungen nach den Regeln und Vorstellungen aus längst vergangenen Tagen zu leben. Liegt darin der Grund für das häufige Zerbrechen so vieler Partnerschaften?

Nach dem Zweiten Weltkrieg – in der kurzen Zeitspanne von 40 Jahren – haben sich die Vorraussetzungen für das Zusammenleben von Frau und Mann – bis dahin ehern gültig – völlig verändert: Gleichberechtigung der Frau, Empfängnisverhütung und Familienplanung, Auflösung sexueller Konventionen, veränderte Formen der Partnerschaft sind nur einige Beispiele dieses Umbruchs.

Dafür brauchen wir grundlegend neue Lösungsansätze. Das kommt einer Herausforderung, einem Abenteuer gleich, denn es gilt, alte Grenzen mit kreativer Energie zu sprengen und weitere Schritte in die neue Zeit zu wagen.

An einer solch fundamentalen Veränderung teilzuhaben und mitzuwirken, empfinde ich für uns alle als Faszination und Chance, aber auch ernste Aufgabe und tiefe Verantwortung.

Die Gestaltung der eigenen Liebesbeziehung und die Art der Konfliktlösung werden nicht nur auf unser persönliches Glück, sondern auf die gesamte gesellschaftliche Entwicklung entscheidenden Einfluß nehmen – da die Liebe mehr denn je zur lebenserhaltenden Kraft im Kampf um die Erhaltung unserer Welt werden wird.

Der in diesem Buch vorgelegte Entwurf einer Partnersynthese stellt einen Versuch dar, der Krisenbewältigung heutiger Partnerbeziehungen unter Einbeziehung aller menschlichen Ebenen näherzukommen, Ganzheit und Ganzheitlichkeit sollen so zurückgewonnen werden.

Viele haben mir bei der Arbeit geholfen: mit ihrer Kritik und Ermunterung, mit ihrer Geduld und Einfühlung, mit ihrer Zuneigung. Von vielen habe ich gelernt: von meiner Familie, von meinen Klienten, von Freunden und Kollegen!

Allen danke ich dafür.

Hamburg, im Frühjahr 1984   M. C.

1 Partnerschaft: Grundmodell menschlicher Lebensform

Der Sachverhalt ist eindeutig: Es gibt keine menschliche Lebensform, die so alt ist und so vielfach erprobt wie die der Bindung zwischen Liebespartnern und zugleich keine, die so schlecht funktioniert – ob nun in geordneter Ehe, in homosexueller Verbindung oder in freier Partnerbeziehung.

Nicht allein die Statistik weist dies nach. In der Nachbarschaft, im Freundes- und Kollegenkreis, vor allem aber durch die Medien hören wir unaufhörlich vom – zumeist traurigen – Ende ehemals glühender Zuneigung. Die offiziellen Zahlen zeigen nur krasser, was keiner selbst erleben möchte: ein Drittel aller Ehen in Österreich und der Bundesrepublik Deutschland werden geschieden. Dies gilt im Durchschnitt auch für die Länder des Ostblocks, in den USA liegt die Scheidungsrate meist höher, in einigen Staaten bis zu 70 Prozent (USA, UdSSR, Schweden, DDR sind die ersten vier auf der »Weltrangliste« der Scheidungen). Noch mehr Gewicht erhalten diese Zahlen, sieht man dahinter das in Daten kaum erfaßbare Liebesleid im Alltag, bedenkt man den starken Andrang bei den Ehe- und Partnerberatungsstellen, die in Selbstmordziffern vorborgenen Liebestragödien. Nach Schätzungen sind es in den USA 80 Prozent aller Ehepartner, die mindestens einmal während ihrer Ehe an Scheidung oder Trennung dachten (Lederer/Jackson 1972). Paare ohne Trauschein erleben – das zeigt sich in den Beratungsstellen – in ähnlichem Ausmaß Kummer und Liebesleid, weshalb im folgenden auch nicht weiter zwischen den einzelnen Formen der Zweierbeziehung unterschieden, sondern allgemein von Partnerschaft oder Partnerbindung gesprochen werden soll.

Die Konfliktanfälligkeit dieses Beziehungsmodells zwischen Mann und Frau liegt auf der Hand. Viele von uns versuchen sogar, diese Realität in ihre Lebensplanung aufzunehmen – und dennoch, ich will mich damit nicht zufrieden geben.

Ist es Naturgewalt, göttliche Ordnung oder reiner Geschlechtstrieb, der die Liebenden so unausweichlich in diese Beziehungsverstrickung von Freudentaumel und Verzweiflung, von Liebe und Haß führt? Welches Gesetz, welches Geheimnis regelt die Anziehung und den Umgang der beiden Geschlechter miteinander? Und wenn es ein Prinzip des Lebens zwischen Weiblich und Männlich gibt – warum ist es dann so konflikt- und problembeladen?

Verblüffend erscheint die Tatsache, daß fast die gesamte Natur auf diesem Prinzip aufgebaut ist: im Wasser und auf der Erde, bei Pflanzen und Tieren – bis hin zum Menschen, beruhen Fortpflanzung und Entwicklung darauf, daß das eine Geschlecht mit dem anderen eine Verschmelzung eingeht. Dieses Paar-Modell läßt sich biologisch ableiten und begründen aus der Notwendigkeit aller Lebewesen zur Symbiose, die allein Evolution ermöglicht (Wickler/Seibt 1983). Aber so sicher und zielgerichtet, wie alles auf diese Vereinigung zustrebt, so sicher sind darin Angst, Streit und Verletzung miteingebaut. Mit der Verschmelzung der Geschlechter ist untrennbar der »Krieg der Geschlechter« verbunden (vgl. Dreikurs 1976).

Diese Tatsache muß wohl hingenommen werden, als betroffener Ehemann und Paartherapeut suche ich aber nach Ursachen für diese häufigen Krisen, versuche deren Sinn zu verstehen und will natürlich auch Lösungen finden.

Diesem Ziel ist das ganze Buch gewidmet. Dazu werden zunächst in Verbindung mit kritischer Überprüfung des Sinnzusammenhanges zwischen Mann und Frau die Konfliktfaktoren analysiert. Eine anschließende Betrachtung der Partnerstile versucht die Erlebnisverschränkung im Konfliktverhalten deutlich zu machen und daraus die entscheidenden Ansatzpunkte für persönliche und therapeutische Arbeits- und Lösungsmöglichkeiten abzuleiten.

Dabei wird schnell deutlich, daß die Bündelung eigener Kräfte und therapeutischer Hilfen den zerstrittenen Paaren in den meisten Fällen eine konstruktive Fortsetzung ihrer Beziehung möglich macht, nämlich bei ca. 76 Prozent (vgl. Gurman 1973), es zeigt sich aber auch, daß dadurch an der allgemeinen explosiven Krisensituation der Partnerschaft nichts verbessert wird.

Daraus leiten einige Autoren die Behauptung ab, daß die Zweierbeziehung als Partnerform überholt sei (Toffler 1970), daß besonders die Ehe ein todkranker Patient sei, der unverantwortlich mühsam am Leben gehalten werde (Guggenbühl-Craig 1976), und daß Partnertherapie in Wahrheit nur die konservative Aufgabe erfülle, das patriarchalische System, die Vorherrschaft des Mannes nämlich, abzusichern (Auckenthaler 1983).

Ich halte dies für vorschnelle Rückschlüsse. Zwar ist der Sachverhalt eindeutig, aber vor einer abschließenden Bewertung müssen die Gründe und Ursachen dafür bekannt sein, will man alte Fehler bei neuen Lösungen vermeiden.

Daß wir neue Lösungswege brauchen, und zwar dringend, um die Liebe und Menschlichkeit und um die Menschheit überhaupt zu retten, daran ist nicht zu zweifeln. Die Zerstörungskraft der Science-Fiction-Welt von heute ist vielfach schon größer als die Überlebenskraft der Erde. Angesichts solcher Gefahren scheint es mir keineswegs nebensächlich, sondern eher vorrangig, die Beziehung der Menschen untereinander und da besonders die grundlegendste Form, die der Liebe und Partnerschaft, neu zu ordnen. Dies kann allerdings nur im Zusammenhang einer fundamentalen Neuorientierung erreicht werden, die weitere gesellschaftliche Veränderungen einschließt.

Zeit zur Wende

Es sind vor allem vier entscheidende Faktoren, durch deren Veränderung unser Handeln, Fühlen und Denken in bezug auf Partnerschaft so tiefgreifend verändert wurde, daß herkömmliche Lösungsansätze versagen müssen. Diese vier Faktoren sind: die Demokratisierung; die Reduzierung auf die Zweierbeziehung; die Gleichberechtigung; die neuen Partnerziele.

Demokratisierung: Die Bemühungen um den mündigen Bürger, den Staatsbürger, den mündigen Christen, den Bürger in Uniform, haben in den Industriekulturen zumindest insoweit Erfolg gehabt, als die Mehrheit der Menschen sich ihr Privatleben nicht mehr vorschreiben läßt wie in den Jahrhunderten obrigkeitsstaatlicher Autorität und Prüderie, die das Zusammenleben von Mann und Frau nur in streng reglementierter und überwachter Ehe gestatteten.

Heute stehen Mann und Frau am Anfang einer Freiheit zu selbstverantwortlicher Lebensgestaltung, deren rechtes Ziel und optimale Form erst noch erprobt werden. Daß dabei eine neue, schöpferische Vielfältigkeit zustande kommt, tut gut, und gelegentliche Entgleisungen sind nur natürlich. Wahrscheinlich ist, daß neben die bisherige Form der Ehe andere Formen von Partnerschaft treten, öffentlich und gleichberechtigt – wahrscheinlich auch, daß ein Mensch im Lauf seines Lebens verschiedene Formen durchlebt. Die Mann-Frau-Beziehung wird dabei das Grundmuster bleiben.

Reduzierung auf die Zweierbeziehung: Die zweite massive Veränderung hat sich aus der gesellschaftlichen und wirtschaftlichen Entwicklung ergeben, durch die die menschlichen Bindungen im wesentlichen auf die Zweierbeziehung von Mann und Frau reduziert worden sind: Ursprünglich war die Dorf- oder Siedlungsgemeinschaft die entscheidende Lebensform, die im Verlauf der historischen Entwicklung zunächst von der Sippe, danach von der Großfamilie abgelöst wurde. An deren Stelle trat mit der Industrialisierung schließlich die Kleinfamilie, die aber immerhin noch viele Kinder hatte und ein direktes Versorgungsbündnis darstellte. Heute haben wir die Form der Kleinstfamilie, in der die Kinder nur eine Lebensphase oder höchstens zwei bei den Eltern bleiben.

Mann und Frau stehen sich sozusagen allein gegenüber, ohne das feste Eingebundensein in das Netz der sozialen Umwelt früherer Zeiten. Und so wird die Partnerbeziehung zum Austragungsort für fast alles: für den Existenzkampf, den Kampf der Geschlechter, die Krisenspannungen aus den Partnerphasen, die eigenen Unzulänglichkeiten, die Ahnenbotschaften, die Entmündigung durch die Umweltinstanzen, die Triebhaftigkeit menschlicher Kreatur, für die unstillbare Sehnsucht nach glückerfüllter Vollkommenheit und all die scheinbaren Widersprüche dieser Welt sowie schließlich für viele Menschen noch für kirchliche Gebote – und all dies zentriert sich im Brennpunkt der Liebesbeziehung zweier Menschen.

Unter diesen Umständen immer noch den einzelnen Menschen für die steigende Konfliktanfälligkeit der Zweierbeziehung verantwortlich zu machen mit der Begründung, es herrsche zuviel Egoismus in der Welt, wie dies Politiker und Moralisten heute gern tun, zeugt von Uneinsichtigkeit.

Gleichberechtigung: Die dritte Veränderung besteht darin, daß Mann und Frau innerhalb der Industriekultur sich zum erstenmal im Lauf der Geschichte zumindest vom inneren Anspruch her gleichberechtigt gegenüberstehen. Wenn auch die Gleichberechtigung in der alltäglichen Praxis keineswegs durchgehend Anwendung findet, herrscht doch gerade im Privatbereich der Partnerschaft und dort besonders in der Sexualität das Bemühen vor, die Wünsche von Mann und Frau zu respektieren, Befriedigung für Beide zu finden und einen gemeinsamen Partnerstil zu pflegen. Da nun nicht mehr der Eine angibt, was zu geschehen hat, und der Andere sich dreinfügt, ist ein neues Problemlösungsvorgehen zu finden, das der angestrebten Autonomie beider gerecht wird. Darauf sind wir alle noch gar nicht vorbereitet, wir haben noch keine Muster parat.

Neue Partnerziele: Eine vierte wichtige Veränderung hat sich durch die vielfach verlängerte Partnerzeit infolge höherer Lebenserwartung und verringerter Arbeitszeit ergeben. Eine Ehe dauert heute durchschnittlich 50 Jahre und verfügt, im Vergleich zur Jahrhundertwende, fast über das Doppelte an Freizeit. Parallel dazu hat aber die biologische Funktion der Partnerschaft, die Kindererzeugung, im Blick auf die Überbevölkerung stark an

Bedeutung verloren, Erziehungs- und Versorgungsaufgaben wurden erheblich reduziert. Überdies können Mann und Frau sich jeder allein ernähren und sind dann existentiell nicht mehr aufeinander angewiesen. Sie müssen für ihre Partnerschaft neuen Sinn und neue Ziele finden.

Die Konsequenzen aus diesem Umbruch sind beträchtlich:
Für die Lösung von Partnerproblemen sind herkömmliche, konventionelle Vorschläge weitgehend untauglich. Der Bewußtseinswandel zwischen Mann und Frau ist zu tiefgreifend, alte Rezepte haben ihre Gültigkeit verloren.
Dies wird besonders deutlich daran, daß die christliche Kultur des Abendlandes und das aus ihr entstandene Industriezeitalter auf der Vorherrschaft des Mannes basieren und somit auch die Strukturen von Ehe und Liebesleben entsprechend festgelegt sind. Wie immer die Kirchen zu dem jahrtausendealten, auch in der Bibel verankerten Prinzip »Das Weib sei dem Manne untertan« stehen – die Weiterentwicklung des Rechts seitens des Staates und die Lebenspraxis der meisten Menschen sind darüber hinweggegangen. Das nachindustrielle Zeitalter mit seiner modernen Technik hat diese Entwicklung noch begünstigt, da die Maschinen, Roboter und Computer arbeitsteilige Geschlechtsmerkmale völlig aufheben. Das Vorrecht des Mannes auf Arbeit wird dadurch abgelöst. Es gibt statt dessen Bildschirmtext-Arbeitsplätze zu Hause, die auch eine Mutter mit Kindern ausfüllen kann. Im Zeitalter neuer Arbeitslosigkeit wird oftmals die Frau zum Ernährer der Familie, bringt sie das Geld nach Hause.
Tiefgreifende Veränderungen in vielen Gesellschaftsbereichen haben dazu geführt, daß die Voraussetzungen für die herkömmliche Lebensführung einfach nicht mehr stimmen. Daher erweist sich das Beharren auf den entsprechenden traditionellen Werten und Verhaltensregeln gerade bei der Lösung zunehmender Konflikthaftigkeit der Paarbeziehung als sinnlos und wenig hilfreich – um so mehr, als dadurch das Finden und Anwenden neuer Lösungsmöglichkeiten vernachlässigt, teilweise sogar behindert wird.

Ursachen der Partnerprobleme

Die angedeutete enge Verwobenheit privater Partnergestaltung und öffentlicher Verhältnisse läßt erkennen, wie sehr Liebesbeziehungen und Intimfragen von kulturellen, gesellschaftlichen und politischen Einflüssen mitbestimmt werden. Wenn daher Partnerprobleme nur als persönliches Schicksal bezeichnet, eheliche Störungen allein als Folge individueller Mängel oder neurotischer Fehlentwicklung betrachtet werden, so führt dies zu einem für viele Paare folgenschweren Irrtum. Die Betroffenen sehen dann nämlich die Krisen und das mögliche Scheitern ihrer Partnerbindung als eigenes Versagen an und verschwenden ihre Kräfte am falschen Ende in vergeblichen Konfliktlösungsversuchen.

Je länger ich als Paartherapeut arbeite, desto mehr wehre ich mich dagegen, daß einzelne Frauen und Männer damit immer wieder zum Sündenbock gestempelt werden und die ganze Last dessen tragen, was andere zu verantworten haben.

Aus meiner Sicht sind es im wesentlichen drei Bereiche, aus denen die Gründe für Partnerleid und Beziehungskonflikte herzuleiten sind: gesellschaftliche Deformierung, paarspezifische Phasendynamik und persönliche Schwierigkeiten.

Partnerprobleme durch gesellschaftliche Deformierung:

Deformiert, d. h. seiner Natürlichkeit beraubt, wurde das Grundmodell Partnerschaft im großen Stil durch die Männerkulturen und in deren geschichtlichen Folgen durch die jüdische, christliche und islamische Religion. Daß dies heute noch gilt, zeigt die Analyse eines Papieres der Christlich-Demokratischen-Arbeiterschaft mit dem Titel: »Die sanfte Macht der Familie« (CDA-Bundestagung 1981):

. . . Liebe, Güte und Zärtlichkeit, die besonderen Wesensmerkmale der Mütter, sind in der Idylle der eigenen vier Wände eingesperrt . . . Die bürokratische Industriekultur überzieht die Gesellschaft mit der Gefühlskälte einer Eiszeit... Emanzipationsbewegungen verbinden Ichsucht mit einem Gleichheitsideal, das auf die Einebnung aller Unterschiede gerichtet ist. Mann und Frau werden für austauschbar erklärt. Die Ehe wird mit nichtehelichen Lebensformen gleichgestellt... Die Gesellschaft ist auf die Kraft der kulturellen Erneuerung angewiesen, die von einer ungestörten Familie ausgehen kann... Die neue Zeit kommt im Gewand der Mütterlichkeit... Aus der Familienwelt können mehr Impulse für die Befreiung der Arbeit ausgehen als von allen gesellschaftlichen und staatlichen Aktivitäten... Die Mutter ist unersetzlich. Ihr ist der höchste Wert anvertraut, den wir auf Erden besitzen: die menschliche Substanz... Das Kind braucht zumindest in den ersten Lebensjahren die Mutter ganz... Mütterliche Zuwendung erspart uns Kosten für Gewaltbekämpfung und Psychiatrien... Mutterarbeit führt zur Selbstverwirklichung der Frau. Wir kämpfen für die Gleichberechtigung von Frau und Mann im Erwerbsleben. Wir setzen uns aber auch ein für die Gleichberechtigung der nichterwerbstätigen Frau und Mutter mit der erwerbstätigen...

In demselben Papier steht dann noch der Satz: »Die Familie steht in Gefahr, nur noch als Lieferant für die Bedürfnisse der Gesellschaft zu dienen.«

Und genau hier setzt gesellschaftliche Deformierung der Partnerschaft und natürlich auch der Familie ein. Aus den Texten wird überdeutlich, wovor im letzten Satz gewarnt wird: Parteien, die so direkt Macht und Moral verknüpfen, mißbrauchen die Kraft der Liebe, die hier einseitig den Müttern zugeschrieben wird, zur gesellschaftlichen Stabilisierung der von ihnen gewünschten Ordnung. Mann und Frau kommen gar nicht mehr dazu, ihre eigene Sinnbestimmung füreinander zu ergründen und zu leben, vielmehr wird die Einrichtung »Ehe und Familie« für ideologische und machtpolitische Zwecke benutzt. So funktionieren die natürlichen Selbstregulierungskräfte des Paares nicht mehr, weil sie mit auferlegten Normen und Dogmen, Regeln und Verhaltensvorschriften zur Erfüllung sogenannter gesellschaftlicher Aufgaben gezwungen werden. Die natürliche Beziehung der Partner geht verloren, die vital-existentielle Bindungsbereitschaft wird zerstört. Freilich gibt es noch andere gesellschaftliche

16

Störfaktoren: in dem zitierten Papier erwähnt ist die eiszeitliche Gefühlskälte der bürokratischen Industriekultur. Hingewiesen sei hier aber auch auf die heute noch weit verbreitete, zumeist durch verfehlte religiöse Erziehung bedingte Körperfeindlichkeit als Ursache eiszeitlicher Gefühlskälte und auf den tödlichen Glauben an den technischen Endlos-Fortschritt, dem das Gefühl für Mensch und Natur zum Opfer fällt.

Konkret sichtbar wird die problematische Beeinflussung, die politische Macht tatsächlich auf Liebesbeziehungen im eigentlichen Sinne ausübt, durch konservative Initiativen zur erneuten Revision des Scheidungsrechts im Sinne einer Wiedereinführung des Schuldprinzips. Sollte dies gelingen, so würden wiederum endlose Schuldzuweisungen die wahre Auseinandersetzung über die zugrundeliegende seelische Not verhindern. Statt daß die Partner Verantwortung für ihre Beziehung übernähmen, würde Anklage erhoben, statt Einsicht in die Wechselwirkung der Partnerbeziehung zu fördern, würde verurteilt.

Hinter solchen Revisionsbestrebungen steckt die irrige Annahme, Strafandrohung könne auch die eheliche Liebe schützen und fördern. Das Gegenteil ist der Fall: Eine Urkraft wie die Liebe wird durch Gebote und Sanktionen ihrer Natürlichkeit beraubt und zu Tode manipuliert. »Familie und Moral werden durch öffentlich verordnete Zwangsmoral untergraben, ... die spontane Anständigkeit und die natürliche Selbstregelung der Lebens- (und Liebes-)Kräfte vernichtet« (Reich 1982).

Solche Bestrebungen spiegeln nur die Entfremdung der betreffenden Politiker von der Liebe wider. Denn was hier geschieht und weiter versucht wird, ist gesellschaftliche Deformierung der natürlichen Sehnsucht aller Liebenden, miteinander alt zu werden, Freud und Leid zu teilen, die Welt an ihrem Glück teilhaben zu lassen und schließlich miteinander zu sterben. Liebe wird durch Zwang und Angst zerstört. Hier läßt sich eine Konzentration von Fehlern erkennen, die jedes Liebesglück verhindert. Das Ziel einer harmonischen Partnerschaft ist so nicht zu erreichen: nicht durch Manipulation, nicht durch öffentliche oder private Verordnung von Moral und auch nicht durch einseitige

Rollenzuschreibung für Mann und Frau. Gerade diese Rollenfestschreibung, die ja Arbeitsteilung zum Ziel hat, führt aber zu einer Trennung der Geschlechter statt zu ihrer Verbindung. Die Folgen sind Rivalität, Unterdrückung und Krieg der Geschlechter.

Solche Anschläge ideologischer, familienpolitischer oder wirtschafts- und beschäftigungspolitischer Art auf die Gleichberechtigung sind somit immer auch Anschläge auf Partnerschaft und Liebe.

Friede zwischen Mann und Frau und damit Liebe, die Überlebenschancen hat, ist nur möglich, wenn sie sich ganzheitlich begegnen. Es gilt, Weiblich und Männlich zu einer umfassenden Einheit zu verbinden, zu einer Synthese dieser Urkräfte, die beides ermöglicht: schöpferische Neugestaltung von Partnerschaft und Umwelt und individuelle Selbstentfaltung und Ganzwerdung.

Partnerprobleme durch paarspezifische Phasendynamik:

Erfahrungen und Beobachtungen aus der Eheberatungsstelle, das Miterleben und Mitleiden von Partnerschaftsverläufen auch bei Freunden, Bekannten und Kollegen und die Wechselbäder in meiner Ehe machen für mich einen phasenartigen Ablauf erkennbar, den Sie als Leser dieses Buches mit Ihren eigenen Erfahrungen vergleichen können.

Danach erlebt jedes Paar, ob es will oder nicht, Phasen innerhalb der Partnerschaft, die einem fast gesetzmäßigen, psycho-physiologischen Prozeß folgen und ziemlich sicher Partnerglück mit Liebesleid verbinden. Diese Lebensabschnitte einer Partnerschaft lassen sich äußerlich am Alter festmachen, haben aber ihre Bedeutung in den inhaltlichen Ereignissen: Sie sind vor allem Sinnabschnitte, die sich – einer Pyramide vergleichbar – aufbauen, wobei mit höherem Alter die Basis breiter wird.

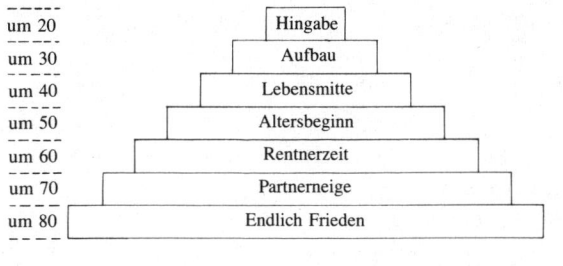

um 20	Hingabe
um 30	Aufbau
um 40	Lebensmitte
um 50	Altersbeginn
um 60	Rentnerzeit
um 70	Partnerneige
um 80	Endlich Frieden

Phasendynamik meint demnach an bestimmte Lebensabschnitte gebundene Partnerprozesse, die für jedes Paar je nach Alter und Lebenssituation spezifisch ausfallen, trotzdem aber in fast allen Zweierbeziehungen ähnliche Probleme und Krisen auslösen. Es entstehen Konflikte, die in die Natur enger Partnerbindung gehören und von daher kaum vermeidbar sind.

Warum zusammenbleiben?

Da diese phasenbedingten Probleme besonders tief die eigene Existenz angreifen, tendieren viele dazu, sich von dieser Partnerschaft zu lösen, in der Hoffnung, in einer neuen Beziehung mehr »Glück« zu finden. Aber selbst wenn Fehler aus der alten Paarbindung nicht wiederholt werden, bleiben automatisch die Konflikte der nächsten Lebensspanne zu bewältigen. Die Hoffnung auf leichteres Glück täuscht. Weglaufen nützt nichts, Partnerwechsel schafft nur mittelfristig »neues Glück«. Sinnvoller ist es, diese natürlichen Krisen miteinander in der Auseinandersetzung durchzuarbeiten, um so die einzelnen Lebensabschnitte als Zusammenwachsen zu erfahren, als Wachsen durch die Krise. Eben dieses Wachsen, das zunehmende Vertrauen in die eigenen Kräfte und die des Partners, mit besonderen Schwierigkeiten auch fertig zu werden, ist bei wiederholtem Partnerwechsel nicht in dem Maße erfahrbar. In der Überwindung, nicht in der Vermeidung von Problemen werden wir stärker und sicherer.

Der gute Vorsatz vieler junger Paare: »Wir wollen uns nie streiten« – führt zwangsläufig in die Irre. Gerade durch die Auseinandersetzung der Partner wächst die Möglichkeit zur Liebe, indem bisherige ängstliche Vermeidungskräfte frei, alle Experimente zwischen Partnern möglich werden, Synthese von »Ich und Du« entsteht. Dieser Prozeß ist aber nur möglich, wenn er Zeit hat, auf einer kontinuierlichen Lebensgeschichte aufzubauen.

Betont sei hier, daß nicht moralische oder sonstige normative Gründe Anlaß für diese Thesen sind, sondern allein die innere Logik der Psyche, wie die Psychologie sie uns lehrt und wir sie in der therapeutischen Arbeit, aber auch im alltäglichen Leben beobachten können.

Wann ist Trennung nötig?

In jedem Fall sind der Fortsetzung konfliktreicher Partnerschaft auch Grenzen gesetzt, dann nämlich, wenn eine Zerstörung der Einzelpersönlichkeit eintritt. Solche Zerstörung ist erkennbar, wenn bei einem der Partner Eigenvertrauen und Selbstständigkeit abnehmen, Ängste und Hilflosigkeit zunehmen, Vitalkräfte wie Sexualität und Schaffensdrang zerstört werden und wenn statt Lebensgenuß und Weiterentwicklung Depression und Verzweiflung eintreten. Das gilt besonders, wenn diese Negativgefühle erst in der bestehenden Partnerschaft aufgetreten sind. Dann nämlich lebt der Eine auf Kosten des Anderen – dann ist kein Gleichgewicht mehr gegeben, und das Wohlergehen des Einen funktioniert durch Ausbeutung des Anderen.

Fühlt einer diese Persönlichkeitszerstörung, dann kann die Trennung der Anfang allmählicher seelischer Heilung sein – nicht durch rasche Flucht in eine neue Beziehung, sondern durch Zeitlassen zur Selbstfindung und Selbsterfahrung.

Die krisenhaften Phasen

Hingabe

Wahnsinnig schön ist es, sich zu verlieben! Alle Sehnsucht ist erfüllt, Meeresströme von Glück fließen ineinander, der Urzustand, das Paradies, scheint erreicht: nackt und doch geschützt, bloß und doch gewärmt, ohne alles und doch wertvoll, ohne Hülle und doch begehrt. Die Hingabe aneinander überschreitet Grenzen, die vier Elemente, Himmel und Erde, Feuer und Luft, werden eins im Kosmos, Mann und Frau vereinen sich. Sie berühren die Unendlichkeit. Das Glück der Verliebten, besungen als Honigmond, strahlt in die Welt hinein und steckt an. Ein älterer Herr erzählt davon in einer Reisebeobachtung (Stephan 1978):

Wir hatten gerade die Fähre von Sausolito aus nach San Franzisco bestiegen und fuhren langsam an der Golden-Gate-Brücke vorbei durch die Bucht. Schon beim Warten war mir ein Paar um die dreißig aufgefallen, die so viel heitere Zärtlichkeit austauschten, daß eine ganz besondere Atmosphäre entstand. Offensichtlich Touristen, hatten sie als einziges Gepäck eine Flasche Wein, Weißbrot und einen Photoapparat dabei. Mit ihrem Lachen und Turteln füllten sie bald das Deck, abwechselnd tranken sie aus ihrer Flasche, küßten sich und aßen, dann sangen sie in einer fremden Sprache Kinderlieder. Ich sah, daß immer mehr Mitreisende das Paar betrachteten, wobei ihre Gesichter allmählich sich öffneten, die Augen begannen zu leuchten. Plötzlich fühlten wir alle uns als Zuschauer miteinander verbunden – das Paar auf den Decksplanken wie auf einer Bühne. Der Hintergrund dazu gestaltete sich durch die warme Abendsonne immer grandioser: Das glitzernde Wasser mischte sich mit dem goldenen Licht, die Hügel hinter der Golden Gate verwandelten sich in eine bergende Kulisse. Als ob unsichtbare Fäden zwischen uns gesponnen seien, bildeten wir der Reling entlang einen Kreis, das Paar tanzte spielerisch im Rhythmus des Schiffes. Sie genossen sich gegenseitig so sehr und ließen die Welt daran teilhaben. Durch sie prickelte die Luft voll sinnlicher Freude, sie machten uns alle schweben im leichten Wind der Bucht. Die Innigkeit ihrer Blicke berührte uns und die Hände einiger älterer Paare fanden sich in der Erinnerung – Vergangenheit traf sich mit der Zukunft. Die Zeit der Überfahrt ging zu Ende, die rote Sonne versank jetzt fast im Meer und spiegelte sich flammend wieder in Abertausenden von Wolkenkratzer-Fenstern der Down-town. Doch seltsam genug: am Kai empfing uns eine Gruppe von Straßenschauspielern, die uns durch Besucherkorridore geleiteten – mit Musik und Pantomime, bis wir zum Eingang in die Millionenstadt kamen: Welttheater!

Flitterwochen sind nicht Zeichen einer Restkrankheit aus frühen Kindheitstagen, sondern die ideale Lebenssituation, um zu reifen und zu wachsen. Sicherlich fällt die Ähnlichkeit zur Mutter-Kind-Symbiose auf: Die Körper sind eins und drängen nach ständigem Kontakt. Denken, Streben und Handeln sind gleichgeschaltet, der Eine kann ohne den Anderen nicht leben. Es ist diese Lebensqualität ohne Kampf, Mißtrauen, Konkurrenz und Leistungsdruck die es dem Kind, dem liebenden Geliebten ermöglicht, die Welt zu erproben und zu erobern und dort erlittene Wunden und Verletzungen wieder heilen zu lassen.

So betrachtet hat jeder Mensch, ob Kind oder Erwachsener, das gesunde Streben und Sehnen in sich, dieses Gefühlserleben völliger Konfluenz zu erhalten und zu wiederholen; unglücklich ist nur der, der sich nicht mehr so fallen lassen, nicht mehr so verlieben kann. In diesen »Flitterwochen« geschehen ja echte Wachstumsschübe, festgefahrene Gleise werden verlassen, Grenzen gesprengt, neue Experimente gewagt, Leistungswille erwacht, und alle menschliche Kreativität wird geweckt.

Und dennoch sehe auch ich ein Gefahrenmoment dabei: Im Lebensprozeß dienen diese Symbiosephasen nicht einem Selbstzweck, sondern einem Ziel, nämlich der Vorbereitung auf neue Lebensaufgaben. Das Kind muß gerade in der Einheit mit den Eltern spielerisch seine Selbständigkeit erlernen: sich vorerst durch Krabbeln von der Mutter zu entfernen, allein die Treppe hochzuklettern und sich nicht vom Vater tragen zu lassen. In der Symbiose lernt es also die Trennung – das Allein-Existieren. Je enger nun die Symbiose z. B. in einer überbeschützenden Familie ist, um so energischer erfolgen die Ablösungsversuche.

Besonders deutlich wird das in der Pubertätskrise spürbar und macht verständlich, warum Kinder aus einem so wohlbehüteten Elternhaus oft so vehement ausbrechen müssen: das Treibhaus wäre anders nicht zu sprengen.

Gleiches gilt für die Flitterwochen der Verliebten: Wenn sie es versäumen oder aus Ängstlichkeit und Eifersucht nicht zulassen, gerade auf dem Hintergrund schrankenloser Hingebung gleichzeitig ihre Individuation, ihre eigene Persönlichkeitsentfaltung zu erproben, wird die Partnerschaft in eine erste gewaltige Krise treiben.

Die Symbiose des Honigmonds, die grenzenlose Sicherheit in der Zweieinheit, hat die Aufgabe, die endgültige Ablösung vom Elternhaus zu bewirken, die eigene Elternschaft vorzubereiten, die eigene Existenzsicherung aufzubauen und als selbstsichere Person gleichberechtigt den anderen gegenüberzutreten. Die Fähigkeit zu Individuation und Partnerbindung, zu Abgrenzung und Hingabe, die das Erwachsensein ausmacht, kennzeichnet das Gelingen dieser Phase (vgl. Wrage 1979).

Insgesamt ist der Prozeß deshalb so schwierig, weil in dieser Phase zwei dynamische Entwicklungen aufeinanderprallen: das Erlernen von Partnerschaft als Lebens- und Liebesgemeinschaft und die individuelle Persönlichkeitsentwicklung. Der einzelne geht mit 20 bis 25, aber auch mit 40 Jahren noch nicht als fertiger Mensch in die Zweierbindung, das wird er erst durch die Auseinandersetzung in dieser Beziehung. Dort muß er sich finden, sich begreifen und die eigenen Ziele erkennen. In der Verschmelzung wird er zur Persönlichkeit.

Fazit: Je enger die Symbiose, je beschränkter Freiheit für eigenen Spielraum waren, um so schmerzhafter werden später die mit Gewalt eintretenden Ablösungs- und Individuationsversuche als Liebesverlust, als Gefahr für die eigene Sicherheit, als Verrat an der gemeinsamen Liebe empfunden. In Wirklichkeit findet ein naturnotwendiger Vorgang statt, der vom Partner unterstützt werden sollte.

Der »Individuationsprozeß«, auch im folgenden jeweils im Jungschen Sinne angeführt, greift tiefer als der schon inflationär gebrauchte Begriff der Selbstverwirklichung. Gemeint ist damit, daß nach der Ich-Entwicklung des Menschen etwa um die Lebensmitte die Entwicklung zum psychisch integrierten Selbst beginnen kann – als dem wesentlichen Gegenpol zur Partnerbindung. Beide benötigen einander.

Aufbau

Diese Phase ist in der Literatur weniger beschrieben, enthält aber für die Partnerbeziehung mehr Sprengstoff als die vorhergehende. Sie liegt um das dreißigste Lebensjahr herum und beinhaltet im wesentlichen: Selbstverwirklichung, Emanzipation, Autonomie, berufliche Leistung, Partnersolidarität, Kinderaufzucht. Viele Ehekrisen in dieser Altersstufe erklären sich daraus, daß die Partner durch beruflichen Streß keine Zeit füreinander haben. Gesellschaftstypisch daran ist, daß diese berufliche Expansion meist für den Mann gilt: er muß, um weiterzukommen, viel Zeit und Kraft in sein Arbeitsfeld investieren, obwohl er sicherlich lieber zu Hause bei Frau und Kind wäre. Da er existentielle Sicherheit und ökonomischen Erfolg gerade auch für die Familie anstrebt und jedenfalls nicht primär, weil es in seiner Natur liegt oder zur bloßen Befriedigung seiner männlichen Eitelkeit, fühlt er sich doppelt hin- und hergerissen und leider oft genug auch doppelt bedroht durch die parallel dazu einsetzenden Emanzipationsbestrebungen der Frau. Er kann und will häufig nicht sehen, daß diese Verselbständigung seiner Gefährtin lebensnotwendig ist für sie Beide, für die Lebendigkeit ihrer Partnerschaft und für die gesunde Entwicklung der Kinder.
Die Frau gerät bei den derzeitigen Verhältnissen aber noch viel eher in eine schwierige Situation als der Mann: durch Erziehung und Schulbildung weitgehend gleichgestellt, lernt sie, wie der Mann, einen Beruf zu ergreifen und für sich selbst zu sorgen. Das hindert keinen der Beiden daran, in der Symbiosephase miteinander zu verschmelzen. Aus ihr geht der Mann mit neuen Wachstumskräften in die berufliche Selbstverwirklichung hinein,

gewinnt dadurch gesellschaftliche Identität und individuelle Expansion. Die Frau übernimmt dann in der Regel die Aufzucht der Kinder. Wohlgemerkt: Kinder zu haben, ist sicherlich eine ebenso sinnvolle Art der Selbstverwirklichung, aber sie verlangt von der Frau eine höchst komplizierte seelische Bewegung: Bisher war sie es gewohnt, in Beruf und Öffentlichkeit ihren »Mann« zu stehen, jetzt muß sie ihre Arbeit aufgeben, oft für immer oder zumindest unter Verzicht auf beruflichen Aufstieg, muß sich in wirtschaftliche Abhängigkeit vom Mann begeben und eine Binnenwelt der Familie aufbauen. Ihr Weg zurück in diesen Binnenraum ist noch nicht das Komplizierteste. Dort aber die notwendige Selbstverwirklichung zu erlangen, die der Mann durch berufliche Leistung gewinnt, ist schwierig. Trotz der Abhängigkeit vom Mann sich gleichzeitig von ihm innerlich unabhängig zu machen, um nämlich das für die Partnerschaft und die persönliche Entwicklung notwendige Maß an Selbtständigkeit zu erlangen, ist schon schwieriger. Besonders für die Kinder ist es von höchster Bedeutung, daß sie auch die Mutter mit Autonomie ausgestattet erleben: mit eigener innerer Urteils- und Entscheidungskraft, mit Selbstsicherheit und Durchsetzungsfähigkeit, mit Liebes- und Abgrenzungsbereitschaft.

Aus dem Gesagten wird deutlich, um wieviel verletzlicher die Frau in dieser Phase des Aufbaues ist. Umgekehrt gerät der Mann dadurch, daß Familie und Erfolg im Beruf sich eher ausschließen, ebenfalls ins seelische Dilemma. Deshalb ist *Partnersolidarität* hier von ausschlaggebender Bedeutung, jedoch muß sie oft erst mühsam gelernt werden. Da Bindungselemente wie Sinnlichkeit und Zärtlichkeit häufig durch Müdigkeit, Nervosität, Kinderpflege und Vereinsamungsgefühle zurückgehen, andererseits aber die gefundenen Lebensziele jetzt manchmal sogar gegen den Willen des Partners angestrebt werden, was zusätzliche Explosionen garantiert, muß zur Liebe die Partnersolidarität hinzukommen. Gemeint ist damit das Eintreten für die Interessen des Anderen.

Infolge der starken Spannungszustände innerhalb dieser Phase kommt es besonders oft zu Untreue und Seitensprüngen – in der

Hoffnung, die verlorene himmelhochjauchzende Leidenschaft der Honigmond-Zeit wiederfinden zu können; in der Hoffnung auf schnelle und konfliktfreie Entspannung; in der Hoffnung, die eigene Identität durch neue Liebe zu stärken.

Es hat wenig Sinn, gerade diesem Phänomen der Untreue, das so alt ist wie die Ehe selbst, mit strenger moralischer Verurteilung zu begegnen. Bei völliger sexueller Freiheit würde der Mensch – davon bin ich überzeugt – nicht nur nicht zum Tier herabsinken, es würde weniger Partnerverletzung und menschliche Zerstörung stattfinden, als dies heute der Fall ist. Partnersolidarität ist eine solche natürliche Moral, d .h. jeder Mensch trägt sie als Selbstregulationsprinzip in sich und meint damit das allen bekannte Gefühl, den Partner nicht verletzen, ihm nicht wehtun oder schaden zu wollen. Hinzu kommt dann die inzwischen gewachsene Lebensgemeinschaft, die auf Selbsterhaltung drängt.

Ein Beispiel möglicher Solidarität sei genannt: das Eintreten für den Sechsstundenarbeitstag für Mann und Frau. Dieses Modell wird seltsamerweise gerade von den konservativen Parteien abgelehnt, obwohl es die geeignete Ausgangsbasis für den Versuch bieten würde, familiäre Werte gleichrangig neben Wirtschaftsordnung und Marktgesetze zu stellen (vgl. Tohde 1980).

Partnersolidarität wird sich wirklich erst dann zeigen, wenn es darum geht, dem Partner auch die gleichen Chancen zu ermöglichen. Dazu gehören: Abbau von Abhängigkeit, Gewährung von freiem Spielraum ohne Eifersucht, individuelle Entfaltung und Selbstverwirklichung im Wechsel mit Zweierbindung.

Fazit: Existenzkampf und familiäre Innerlichkeit sind in der heutigen Lebensform rivalisierende, sich ausschließende Notwendigkeiten, bedeuten somit eine Zerreißprobe für die Partnerschaft. Selbstverwirklichung und Partnersolidarität im Wechsel miteinander ermöglichen dagegen erst die Bewältigung gemeinsamer Lebensaufgaben und die Erfüllung eines Lebensplanes. Zu lernen ist hier, daß es nicht um die Vorherrschaft des weiblichen oder männlichen Leitbildes geht, sondern um männlich-weibliche Korrrespondenz (vgl. Petzold 1978).

Lebensmitte

Die Krisen der Lebensmitte sind inzwischen viel beschrieben: Um die 40 herum beginnen Frau und Mann, Bilanz ihres Lebens zu ziehen, überprüfen ihren Lebensplan und sehen in dieser Zeit oft die letzte Chance, ihr Leben noch einmal grundlegend zu verändern. Viele beginnen zu spüren, daß Geld und Erfolg nicht zufriedener machen, daß sie die eingefahrenen Gleise noch einmal verlassen möchten, daß sie sich bisher einem Lebensplan unterworfen hatten, der gar nicht ihr eigener war. Torschluß-panik, Angst vor dem Klimakterium, das Ende der Laufbahn, Abschied von der Jugend und dem Abenteuer, Verdienen-Müssen, um das eigene Haus abzubezahlen, Alterssicherung – und die unausweichliche Frage, ob sich das alles wirklich lohnt: für einen selbst, für die Familie, mit diesem Partner, der inzwischen ein ganz anderer geworden ist als der, der er zur Hoch-Zeit war.

In vielen Ehen sind jetzt Sinnlichkeit und Sexualität ganz verschwunden; Enttäuschung, Resignation oder Niedergeschlagenheit lassen die Ausweglosigkeit erkennen, in der sich die Partner oft eingesperrt fühlen. Die Ausbruchsversuche, besonders der Frauen, sind jetzt ernsthafter, die Scheidungsstatistik weist sie dabei meist als treibende Kraft aus. Die Männer machen es sich bequemer und versuchen, eine Dreiecksbeziehung auf Dauer einzurichten.

Herausragend dabei ist meist die Angst, die Partnerschaft aufzugeben: aus der Unsicherheit heraus, keinen neuen Partner zu finden; der wirtschaftlichen und finanziellen Zwänge wegen – weil es für den Mann oft nicht möglich ist, Ex-Frau und zwei Kinder mitzufinanzieren, gleichzeitig aber mit der zweiten Frau eine neue Familie aufzubauen; das Haus und die Nachbarschaft zu verlieren; die Kinder zu entwurzeln und ihnen den Scheidungsschock aufzubürden, den sie auch fraglos davontragen; einen sozialen Abstieg zu erleiden; den Alltagsanforderungen des Lebens gar nicht mehr allein gewachsen zu sein, und der Gründe viele.

Die Tendenz mancher allzuengen Partnerschaft geht dahin, daß vieles an menschlicher Entfaltung unterlassen wird, und steigert sich schließlich bis zur irrealen Angst vor jedweder Partnerveränderung.

Die Veränderungen des einzelnen und damit auch der Partnerschaft sind wachstumsbedingte und für die weitere Lebensdynamik absolut notwendige Impulse. Das Wiedererstarken freundschaftlicher Beziehungen zählt dazu, die Übernahme alternativer Lebensziele. Der männliche Zwang zur permanenten sexuellen Selbstbestätigung läßt mit etwas Glück nach, die bloße Existenzsicherung ist geleistet – es könnte etwas Ruhe einkehren. Eine Ruhe und Sicherheit, die genützt werden kann, durch die Krisen hindurch die Partnerschaft zu reorganisieren, ihr neuen Sinn und neue Inhalte zu geben.

Spätestens jetzt müssen andere Formen der Sexualität gefunden werden (siehe Kap. 6), eigene Zielsetzungen rücken gleichberechtigt neben Partnerziele, die Kinder entfernen sich aus dem familiären Mittelpunkt, neuer Sinn und neue Sinnlichkeit sind zu schaffen.

Fazit: Die Lebensmitte als dritte Phase der Partnerentwicklung beinhaltet eine deutliche Wende: die Partner müssen sich neu entscheiden, ob sie auf Grund der Lebensbilanz und der Partnerveränderung genug seelische Kraft haben, die Beziehung zufriedenstellend umzustrukturieren, ob sie statt äußerer Zielorientierung in der Beziehung eine Wertorientierung finden können und ob sie die eigene Persönlichkeitsentfaltung für das Partnergefüge einsetzen wollen. Andernfalls führen die realen Verschleißerscheinungen zu völliger Erstarrung und Gefühlskälte oder die Beziehung endet mit Haß auf den Partner als den vermeintlich Schuldigen. Lebensmitte bedeutet hier also Lebenschance: Neuanfang durch Bruch mit inhaltslos gewordenen Lebensgewohnheiten und Selbstvertrauen in die eigenen Veränderungskräfte.

Altersbeginn

Dies ist die letzte der für die Zweierbeziehung unmittelbar brisanten Phasen. Das mag ein schwacher Trost sein angesichts der Tatsache, daß bis hierher schon zwanzig bis dreißig Partnerjahre vergangen sind – aber: vor dem Paar liegen durchschnittlich noch weitere zwanzig Jahre.

Es erschreckt immer wieder, zu erleben, wie glanzlos viele diese Zeit ihrer Partnerschaft sehen, wieviel Resignation sich breitmacht und wie selbst anerkannte Autoren Verzichtsideologie und Kameradschafts-Ehe predigen, das Nebeneinander-Herleben und den Anderen-Leben-Lassen befürworten, Sexualität mit dem eigenen Partner auf Ausnahmen reduzieren (vgl. Jaeggi 1982).

Daß dies nicht alles so hingenommen werden muß, daß sogar das Gegenteil dieses Alptraums möglich ist, zeigen viele, sehr viele Zweitpartnerschaften. Nach Scheidung oder plötzlichem Partnerverlust durch Unfall oder Krankheit bleiben zusehends immer mehr Männer und Frauen nicht allein zurück, sondern gehen eine neue Beziehung ein.

Was da plötzlich bei vielen an Liebes- und Lusterfüllung möglich wird, an Freiheit und Selbstsicherheit, an Genuß und Lebensfreude, zeigt nur, wieviel an Schätzen, an Gefühlsreichtum und Vitalenergie vergraben war. Noch deutlicher wird dies oft bei Frauen der älteren Generation, die ihren Mann verlieren: Viele von ihnen beginnen in diesem Alter ein neues Leben: sie reisen ins Ausland, obwohl sie die eigenen Grenzen vorher kaum verlassen hatten und keine Fremdsprache beherrschen, sie werden künstlerisch aktiv und besuchen Seminare, Kurse, Ausstellungen und Konzerte, fahren mit dem Landvolk in tagelangen Busreisen und verbrauchen Geld zum eigenen Wohlbefinden.

Noch deutlicher und bekannter als bei uns ist dieses Bild der sinnesfrohen Großmutter in den USA, wo ja auch Liebesbeziehungen zwischen älteren Frauen und jüngeren Männern viel häufiger sind. Warum nur wird bei uns dieses Erscheinungsbild so verpönt? – Sinnvoller noch wäre es, diese offensichtlich vorhandenen und keineswegs abgestorbenen Lebenskräfte zwanzig Jahre früher wirksam werden zu lassen, solange der Partner noch lebt.

Nicht Verzicht, sondern Erfüllung des Lebens ist sinnvoll. Auch im biblisch-christlichen Sinn ist es Gebot, die dem Menschen gegebenen Talente zu nutzen, statt sie in der Erde zu vergraben.

Natürlich soll hier der Eintritt ins Alter des Lebens und der Partnerschaft nicht verharmlost werden. Aber es geschieht immer wieder, daß viele Menschen sich zu früh alt machen und damit Krisen in der Partnerschaft heraufbeschwören, die zu keinem Zeitpunkt begründbar sind. Sicher drohen Gefahren: Ausscheiden aus dem Beruf, Verlust von Beziehungen, an den Rand des Geschehens gerückt zu werden. Die Kinder verlassen das Elternhaus endgültig, ein gähnendes Loch entsteht. Krankheiten und Gebrechen nehmen zu, der bisherige Lebensinhalt geht verloren.

Hier wird der tragische Irrtum vieler klassischer Schicksale von Frauen verständlich, die ihr Lebensideal darin sahen, nichts als ganz Ehefrau und Mutter zu sein, und die auf Grund patriarchalischer Leitbilder nie damit angefangen haben, ihre eigene Persönlichkeit zu entfalten. In den Augen des Mannes ist sie im Lauf der Jahre zu einer Einrichtung geworden, die funktioniert, z. B. für die tägliche Verpflegung sorgt, aber nicht Ansprüche auf ein eigenes Leben stellt oder als Partnerin ernst zu nehmen ist. Kein Wunder, daß Frauen in diesem Alter besonders häufig krank werden, sich mit Selbstmordgedanken tragen oder – im günstigeren Fall – den Mann verlassen.

Hier wird erneut deutlich, daß Politiker der Entfaltung der Liebe schaden, wenn sie in der Krise des Industriezeitalters zum Leitbild der Mütterlichkeit aufrufen und Familiensinn und häusliche Geborgenheit als die wahren Werte beschwören. Warum appelliert man dabei eigentlich nur an die Frauen? Warum werden nicht auch die Männer zu diesem »Dienst an der Gesellschaft« aufgerufen?

Dazu noch einmal aus den Leitsätzen der CDA-Schrift:

Die Arbeit der Mutter ist Dienst an der Gesellschaft . . . Mutterarbeit ist mehr als Erwerbsarbeit. Keine andere Arbeit ist so unmittelbar dem

Leben verbunden. Die Arbeit der Mutter enthält mehr von dem ursprünglichen Schöpfungscharakter der Arbeit als alle Humanisierungsbemühungen der Erwerbsarbeit ...

Die Krise des Industriezeitalters bietet eine neue Chane: die Arbeitszeit auf Mann und Frau gleich zu verteilen und damit den längst notwendigen Schritt ins nachindustrielle Zeitalter zu tun. Mikroprozessoren, Bildschirmüberwachung und menschenleere Maschinenstädte werden die gesellschaftliche Reorganisation sowieso erzwingen – Selbstverwirklichung für Frau und Mann in gemeinsamer Partnerschaft wird dann notwendiger als je zuvor werden.

Fazit: Die besondere Krisenhaftigkeit dieser Partnerphase ist bedingt durch eine Reihe elementarer Lebensveränderungen, die besser aufgefangen werden können, wenn in den vorausgegangenen Partnerprozessen sowohl Partnerbindung als auch Selbstentfaltung stattgefunden haben. Frau und Mann müssen, da bisherige wichtige Lebensinhalte wegfallen, eine erhebliche Eigenstabilität entwickeln. Dann liegt in diesem Wegfall die Chance, die freigewordenen Kräfte zur Vertiefung und Erneuerung der Partnerschaft einzusetzen, neue Lebensräume gemeinsam zu erobern und längst verkümmerte Gefühle wieder lebendig werden zu lassen. Sexualität und Erotik zählen da ganz besonders mit.

Die Darstellung der phasenspezifischen Partnerkrisen soll hiermit abgeschlossen werden. Die weiteren Phasen bedingen seltener tiefgreifende Zerwürfnisse, Bindungskonflikte oder gar Auflösung der Partnerschaft. Betrachten wir diese Partnerprozesse noch einmal als Ganzes, so lassen sich folgende Erkenntnisse festhalten:

1. Jedes Paar wird im Verlauf einer Dauerbeziehung reguläre, an bestimmte Lebensspannen gebundene Krisen durchstehen müssen, wobei die auftauchenden Probleme allen Zweierbeziehungen gemeinsam sind. Selbst bei häufigerem Partnerwechsel sind sie nicht vermeidbar.

2. Die gesetzmäßige Regelhaftigkeit dieser Phasendynamik läßt erkennen, daß es keine neurotisch bedingten, aus der Kindheit

herrührenden, sich unbewußt wiederholenden Eltern-Kind-Konflikte sind. Neurotisch daran mag, wenn überhaupt, die Art der Verarbeitung sein.

3. Viele Streitigkeiten, Konflikte und Krisen dürfen deshalb nicht als Machtkampf, Böswilligkeit oder Unlust fehlgedeutet werden. Vielmehr geht es für jeden der Partner um die Erreichung bestimmter notwendiger Entwicklungsstufen.

4. Eindeutig nehmen Parteien, Politiker, Gesetzgeber und Kirchen Einfluß auf die Liebesentfaltung und Liebesbindung zwischen Frau und Mann, so durch Arbeitszeitverteilung, Rollenzuweisung, Leitbildmarkierung und Sozialmaßnahmen, wodurch die natürliche Moral und Ordnung der Geschlechter untereinander an den Rand gedrängt wird.

5. Das Grundmodell Partnerschaft, Muster für alle menschlichen Beziehungsformen, trägt in sich die Tendenz auf Dauerhaftigkeit – soviel wird aus der Betrachtung des stufenweisen Aufbaues der Phasendynamik ebenfalls deutlich. Die Krisen können dabei nicht vermieden, sondern nur überwunden werden. Mit jeder neu erreichten Phase verbreitert sich die gemeinsame Basis, wird mehr Entfaltung möglich.

Auf der Suche nach Lösungen

Bevor wir auf den dritten Konfliktauslöser für die Partnerschaft, den einzelnen Menschen mit seinen persönlichen Schwierigkeiten, eingehen, will ich versuchen, Lösungsansätze für die Art von Schwierigkeiten zu finden, deren Ursachen bisher deutlich geworden sind.

Die Konfliktanfälligkeit der Partnerbindung braucht nicht mehr zu verwundern, müssen doch »alle Probleme der Liebe, der Sexualität und der Ehe als Ausdruck sozialer, kultureller, politischer, wirtschaftlicher und psychologischer Prozesse angesehen werden, die zusammen auf den einzelnen Menschen einwirken« – so der Adler-Schüler Rudolf Dreikurs schon vor etwa vierzig Jahren.

Inzwischen wird, wie ich gezeigt habe, der Partnerbindung mehr denn je von außen aufgebürdet – eine Entwicklung, durch die die konventionelle Ehe zur Falle geworden ist, in der die Liebe zwischen Mann und Frau zerstört wird.

Der Teufelskreis scheint perfekt: in einer Zeit, in der das Überleben der Menschen in Frage steht, kommt es vor allem auf die Liebe an. Auf Liebe jeder Art! Wir aber, besessen von Technik, Macht und Fortschritt – haben aufgehört, in der Liebe die zentrale Kraft unseres Wirkens zu sehen, die lebensgestaltende Energie schlechthin. Wie also kann die Liebe noch gerettet werden?

Lösungsansätze dürfen sich nicht allein auf Paare, nicht auf die Intim-Beziehung Frau-Mann beschränken. Sie müssen vielmehr private und öffentliche Verhältnisse miteinbeziehen, die Einstellung zur Liebe und zum Leben neu beschreiben.

Auch dürfen wir nicht mehr mit den alten Fehlern weitermachen, die die Welt zerstören, sondern müssen die volle Entfaltung des Lebens suchen: Ziel darf nicht ein kleines, geteiltes, halbes Leben sein, nicht die Reduzierung auf eine Minimalstufe des Glücks, sondern die ganzheitliche, umfassende Gestaltung und Entfaltung von Leben.

Der Weg, den ich dazu im Ansatz vorstellen will, liegt in der *Partnersynthese*. Sie baut auf den Erkenntnissen der Humanistischen Psychologie, auf der Integrativen Gestalttherapie und dem Taoismus auf.

Die Partnersynthese schlägt einen Weg vor ohne Dogmatik und Leistungsanspruch, ohne bestrafende Instanz und moralisierende Beurteilung, ohne Kontrollen und einengende Regeln. Statt dessen gilt das Prinzip von Polarität und Bewegung mit dem Ziel ganzheitlicher Integration.

Gemeint ist damit, daß unsere Bedürfnisse sich nicht in Gut und Böse einteilen lassen und deshalb alle in dieses Leben einzubeziehen sind, in ihm Raum haben sollen. Anders als die Sittenlehren, nach denen die meisten von uns erzogen worden sind, »verlangt das Tao mitnichten, daß man allem Begehren entsagt und abtötet alles sinnliche Verlangen nach dem Schönen, das wir sehen, hören, riechen, schmecken, fühlen und in Liebe umarmen wollen. Im Gegenteil: der Taoismus lehrt uns, unseren Geschmack zu verfeinern, gesund zu leben, und sinnliche wie geistige Freuden noch intensiver zu genießen ... sinnliche und geistige Genüsse sind nicht voneinander zu trennen: sie werden eins in der Ekstase, denn im Genießen der natürlichen und der geistigen Schönheit vereint sich der Taoist mit dem Universum – und für ihn ist das Universum Gott« (Chang 1978).

Es geht hier allerdings nicht darum, Sie zum Taoismus zu bekehren – er ist keine Religion und auch kein philosophisches System. Besonderes Gewicht gewinnt er als die wohl älteste Gesellschaftslehre/Weisheitslehre mit so fundiertem ganzheitlichem Ansatz, daß er zunehmend auch auf die westliche Kultur Einfluß nimmt und zu neuen Denkanstößen z. B. in der Physik, in der Psychologie, in der Ernährung und Medizin führt (vgl. Capra 1983, Watts 1981, Schönberger 1982). Am umfassendsten ist darin die Beziehung zwischen Frau und Mann beschrieben, symbolhaft dargestellt im T'ai chi-Mandala mit den beiden Polen von yin und yang. Berührung und Ergänzung mit positiven Ansätzen christlich-abendländischer Vorstellungen zur Partnerschaft sind aber dabei sehr wohl möglich, da es im Taoismus keine starre Abgrenzung gibt.

Durch den Taoismus können wir aber etwas wiederfinden, was auch wir einmal besessen haben, das uns nur verloren gegangen ist auf dem Weg zur hochindustrialisierten Computergesellschaft. Ich meine, daß wir das Vermögen zu ganzheitlichem Leben und Erleben verloren haben, in dem all unsere Sinne angesprochen sind: unsere Träume, unsere Phantasien und Wünsche ebenso wie unsere Ängste, unsere dunklen Triebe und Schwächen.

Vielleicht wird sich beim Lesen in Ihnen etwas sträuben, denn dieser Weg bedeutet tatsächlich ein Abrücken von der Industriekultur, ein Brechen mit Tradition und vor allem mit einer uns lieb gewordenen Gewohnheit: dem Abgeben von Verantwortung an Spezialisten. Sie sind allgegenwärtig: Spezialisten für Geld, für Sicherheit, für Moral, für Rüstung und Gesundheit. Die Folge ist z. B. Aufrüstung, weil die Spezialisten sie für richtig halten, oder

Gesundheitsfürsorge hauptsächlich durch Chemie und Apparatemedizin, weil die vorherrschende Richtung der Schulmedizin und die Pharmakonzerne es so für richtig halten. Und nachdem die Theologen unsere Sexualität nicht mehr reglementieren konnten, waren wir schon dabei, sie an die Mediziner (und Psychologen!) abzugeben. Aus unserem öffentlichen und beruflichen Leben ist die Sinnlichkeit ganz verschwunden, weil Industrie und Technik keine Verwendung dafür haben.

Diese Abspaltungen menschlicher Qualitäten führen zu einer Sinnentleerung des Lebens. Ohne Sinnlichkeit geht der Sinn des Lebens aber verloren.

Bilder vom Sinn zwischen Frau und Mann

Das Verständnis von yin und yang kann uns helfen, der Lösung der vielen offenen Fragen im Zusammenhang mit Partnerbeziehung und Liebe wenigstens einige Schritte näher zu kommen. Natürlich wird es nicht gelingen, Weisheit und Wahrheit, die hinter diesem uralten Symbol stehen, für jeden so gültig zu übermitteln, daß er damit zu abschließender Klarheit gelangt. Auch vermag ein Konzept – aus gefühlsmäßigen weltanschaulichen oder politischen Gründen – nie alle gleichermaßen anzusprechen.

Andererseits hat gerade der Taoismus und sein Yin-Yang-Prinzip bis in die modernste Geschichte hinein erhebliche Auswirkung: yin (=weiblich) und yang (=männlich) meint die beiden gegenpoligen Urkräfte, die in steter, fließender Bewegung und Gegenbewegung – uns und den Kosmos verändernd – eine harmonische Ganzheit bilden, kraftvoll und zur Neuschöpfung fähig.

Auf dieser Grundlage will ich nach Antworten auf folgende Fragen suchen:

- Wie gehören danach Mann und Frau außerhalb ihrer biologischen Aufgabe sinnvoll zusammen?
- Wie kommt es, daß sie, wenn Partnerschaft doch auf Ganzheit

angelegt ist und beide auch eine Einheit bilden wollen, so zerstörerisch und verletzend miteinander umgehen?

● Ist so ein mühseliger lebenslanger Entwicklungsprozeß, in dem Liebe unvermeidlich mit Leid verbunden ist, überhaupt notwendig?

Partnerschaft im Yin und Yang

Der eingehenden Beschreibung dieser Symbole des Yin und Yang möchte ich eine Hypothese aus der Theorie der »Gestalt« voranstellen, die für die Paartherapie besondere Bedeutung gewinnt: Je größer die Fähigkeit zur Identifikation mit dem Gegenüber ist, desto sicherer und besser der Umgang im sozialen Bereich. Für die Paarbeziehung heißt das: Je besser ein Partner in der Lage ist, sich in den anderen hineinzuversetzen, desto leichter wird er ihn verstehen und damit ihn akzeptieren können.

Betrachten wir in diesem Zusammenhang das Yin-Yang-Symbol und vergleichen es mit unserem westlichen Begriffspaar männlich – weiblich, Mann und Frau. Das Yin-Yang-Modell zeigt eine in sich geschlossene, runde Gestalt mit zwei gleichgroßen ineinander verwobenen Anteilen. Die Anteile sind allerdings deutlich voneinander abgegrenzt, zerfließen nicht und unterscheiden sich sichtbar. Wichtig daran ist weiterhin, daß sowohl Anteile des Männlichen im Weiblichen als auch Anteile des Weiblichen im Männlichen vorhanden sind, gekennzeichnet jeweils durch einen Kern im entgegengesetzten Teil.

Dem gegenübergestellt sei eine symbolische Darstellung von

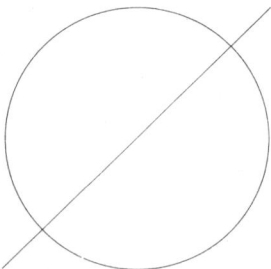

männlich–weiblich entsprechend dem westlichen Modell*: Hier wird das Weibliche durch einen Kreis dargestellt, Sinnbild für das In-Sich-Ruhende und Schutz-Gebende, – Geborgenheit und doch in sich leere Gestalt. Das Männliche wird symbolisiert durch eine Linie, die in den Kreis eintritt, ihn zerschneidet und wieder verläßt. Damit wird ausgedrückt, daß das Männliche vorwärtsstrebend, nach dem Unendlichen suchend und dynamisch ist, das Weibliche hingegen eher verharrend zu verstehen. Das Symbol drückt unverkennbar aus, daß die Befruchtung des Weiblichen durch das Männliche ein Eindringen bedeutet, es sagt Verletzung und Schmerz voraus und deutet an, daß Mann und Frau nie ganz zusammengehören, sondern sich zuletzt immer wieder verlassen werden. Trennung und Abschied sind danach also schon in der ersten Begegnung angelegt. Nach der Gestalthypothese zeigt sich hier keinerlei Möglichkeit zur Identifikation, denn Mann und Frau sind zu verschieden, streben nach völlig anderem und müssen getrennten Bestimmungen nachgehen.

Ganz anders dagegen das Yin-Yang-Symbol. Der Taoismus baut wesentlich auf dem dynamischen Verständnis der Gegenpoligkeit von männlich und weiblich auf. Beide sind von gleicher Gestalt, jeder hat sogar Anteile des andern in sich selbst. Damit bestehen für Mann und Frau viel weitergehende Möglichkeiten zum Verständnis für den anderen, zur Identifikation mit ihm. Deutlich wird ferner: die Beiden bilden eine Einheit, sie sind ineinander verwoben, und würden sie auseinander gerissen, so bliebe jeder für sich eine unvollständige Form. Zur guten, abgerundeten »Gestalt« gehören notwendigerweise alle Anteile, hier eben das Männliche *und* das Weibliche. Das Yin-Yang-Symbol drückt schließlich die Gleichheit von Mann und Frau aus – ebenso aber auch deren Verschiedenheit.

---

* In dieser Form stammt das Symbol m. W. aus der Richtung, die insbes. von dem Rechts- und Altertumsforscher Johann Jakob Bachofen (»Das Mutterrecht«, 1861) vertreten wurde. Leicht abgewandelt hat der Radiästhetest und Verleger Othmar Muth dieses Modell: Das Männliche wird durch eine Tangente dargestellt, die sich im Unendlichen dem Kreis wieder zuneigt.

Die Ausgestaltung dieses Verständnisses von yin und yang finden wir dann in der Anleitung zur Sexualität und in der philosophischen Betrachtung von männlich und weiblich, die die Gleichwertigkeit beider betonen (siehe Colgrave 1980, Singer 1981, Sigusch 1984).

Partnerschaft als Polarität

Partnerschaft darf von vornherein nicht als Zustand von Glück verstanden werden, sondern »die so verstandene Liebe als polare Beziehung ist in der Regel das Ergebnis eines längeren, miteinander durchlebten Reifungsprozesses« (Bitter 1969). Das Prinzip der polaren Beziehung ist weltumspannend – deren grundlegende Form ist die Polarität von Mann und Frau. Wie können wir am besten mit dieser Polarität leben, wie diese Gegensätze – gerade auch den der Geschlechter – für uns fruchtbar machen?

Daß die Welt von Gegensätzen beherrscht wird, daß jedes Ding zwei Seiten hat, daß Leben und Tod, Tag und Nacht, Licht und Schatten, Sonne und Regen, Hell und Dunkel zusammengehören, wissen bei uns schon die Kinder. Daß aber Glück und Leid genauso zusammengehören, wollen wir nicht wahrhaben.

In der Partnerschaft hat jeder von uns mehr oder weniger seine Art, mit diesem Problem umzugehen: Der eine verläßt, sobald es Streit gibt, das Zimmer oder das Haus, geht zu Bekannten oder in die Kneipe; ein anderer fängt an zu brüllen, tobt und schlägt zu – oder er wird ganz still und weint; wieder andere verlegen sich auf endlose Debatten oder weisen dem Partner alle Schuld zu. Manche kümmern sich nur um den Hausputz und um die Kinder und meinen, das sei Liebe – viele sehen ihren Schwerpunkt in der Arbeit, einige nur im Fußball, wieder andere in karitativer Betätigung oder Frömmigkeit. Manche überschütten ihre Partner pausenlos mit Fürsorge, andere mit ständiger Kritik, manch einer schließlich will seine Gefühle im Bett beweisen – und wundert sich dann, daß der Partner das nicht aushält. Wir alle möchten mehr oder weniger der Tatsache ausweichen, daß das, was gestern unsere Liebe ausmachte, sich heute und morgen verändert, daß Liebe nicht nur einen Schwerpunkt braucht und daß zu ihrer Erfüllung so viele Widersprüche gehören.

Dies eben besagt das Polaritätsgesetz: Liebe ist kein fester Zustand, sie bewegt sich immer zwischen zwei »Gegensätzen«, zwischen zwei Polen menschlicher Strebungen und Bedürfnisse.

Zwar gilt das Gesetz für jede nur erdenkliche Lebenssituation, aber speziell in der Liebe macht es uns am meisten zu schaffen, weil wir alle so direkt, so persönlich davon betroffen sind. Dieses Schwanken zwischen den Polen – wir spüren es in uns selbst und erfahren es durch den Geliebten: einmal suchen wir Nähe, totale Geborgenheit, Verschmelzung, dann wieder treibt es uns raus aus dem Haus, brauchen wir Abstand, Zeit für uns allein, Rückzug, Distanz.

Viele träumen, sind sie erstmal jahrelang mit dem Partner zusammen, von sexueller Abwechslung und riskieren dafür eine Trennung – kaum wendet sich aber der eigene Partner verletzt ab und reicht die Scheidung ein, kommen sie erschreckt zurückgelaufen. Der gleichzeitige Wunsch, die geliebte Außenbeziehung zu leben und doch das eigene traute Heim nicht zu zerstören, zerreißt manche förmlich.

Das Dilemma vieler Paare ist eine Folge des Polaritätsgesetzes, dem wir alle unterworfen sind; sobald wir mit unseren Bedürfnisen lange genug an einem Pol waren, zieht es uns zum anderen Pol hin. Es gibt nur eine einzige wirkliche Möglichkeit dieses Dilemma zu lösen: Diese Gegensätze, die einander auszuschließen scheinen, bilden tatsächlich eine Einheit, gehören zusammen wie Tag und Nacht. Alles Leben existiert nur durch diese Pole und durch die Kraft, die uns zwingt, nicht an einem Punkt einfach sitzenzubleiben, sondern immer weiter zu gehen, in Bewegung zu bleiben, neues Leben zu entfalten.

So werden die Widersprüche nicht zum aussichtslosen Entweder-Oder, sondern gehen ineinander über:

Alle Dinge verkehren sich genau ins Gegenteil, Leben ist nicht das Widerspiel des Todes; der Tod ist im Leben anwesend und ist die Basis

neuen Lebens. Die Dinge stehen einander nie absolut gegenüber...
Kennzeichnend für diesen Gedankengang ist, daß wir nicht darauf
achten, was die Dinge [und die Partner; d. Verf.] trennt, sondern daß
unser zentrales Interesse dem gilt, was sie verbindet, worin sie übereinstimmen. (Besems 1977)

Das führt uns zu einer neuen Sicht, zu einer veränderten Haltung,
auch gegenüber dem vermeintlich Schlechten: Wir bemühen uns,
die Einheit und Zusammengehörigkeit aller Tendenzen zu sehen,
sie zu »einer Gestalt« zu fügen, wir suchen die Integration.
Gegensätze und Unterschiede sind nur jeweils die Kehrseite ein
und derselben Sache und führen zu einem neuen Ziel hin, zu mehr
Leben.
Beispielhaft dafür ist die Beobachtung Jean Liedloffs (1982) an
brasilianischen Indianern, die bei großen Schmerzen dennoch
lachten, während die weißen Expeditionsteilnehmer fluchten.
Afrikaner im Urwald erzählten mir, wie sehr sie den Schweißgeruch als Zeichen kräftigen Lebens lieben. Wir Zivilisierten tun
alles, um Schmerzen und natürliche Gerüche zu vermeiden.
Wozu soll es gut sein, Gerüche beim Geschlechtsverkehr zu
vermeiden, wo sie doch Ausdruck unserer Erregung sind? Wozu
unterdrücken wir dabei die Schreie der Lust?

Partnerschaft als Bewegung

Dieses Stillwerden, in dem wir Gefühlsbewegungen aller Art
nicht mehr zulassen, zerstört Liebe und tötet Leben ab. Aber wir
können uns verändern, uns darauf besinnen, daß das Verharren
an einem Pol durch Bewegung zum anderen hin ergänzt werden
muß. Partnerschaft ist demnach unaufhörliche Bewegung von
Annäherung und Entfaltung, von Intimität und Fremdheit, von
Liebe und Leid, von Glück und Trauer.
Um zu leben und zu lieben, müssen wir uns bewegen *und*
stehenbleiben. Das bedeutet, daß die Partner sich immer wieder
verändern müssen, und es erklärt auch die Tatsache, daß ein

einmal erreichter Glückszustand nicht auf Dauer festgehalten werden kann.

Am Beispiel kleiner Kinder lernen wir leicht die Notwendigkeit dieses Prinzips der Bewegung einzusehen: Kinder nämlich, die laufen lernen, stehen trotz der Schmerzen beim Hinfallen immer wieder von neuem auf. Es gibt für sie kein Umgehen oder Vermeiden dieses Schmerzes, instinktiv wissen sie, daß sie nur so wachsen können.

Nehmen wir jetzt das Prinzip der Bewegung und das Prinzip der Polarität zusammen, wird es leicht, das Yin-Yang-Symbol in seiner Bedeutung zu verstehen:

1. Das Paar bildet eine geschlossene, feste Einheit, symbolisiert durch den Kreis: Entscheidender Grundgedanke dabei ist, daß

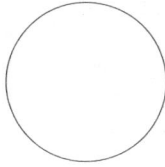

weder Mann noch Frau als Individium eine Ganzheit bilden, sondern erst in ihrer Verbindung zur sinnhaften Gestalt werden, zum Grundmodell menschlichen Lebens.

2. Diese Partnerverbindung gewinnt ihren wesentlichen Inhalt durch die direkte Gegenüberstellung männlicher und weiblicher Anteile in den zwei Polen: Aufgrund ihrer Verschiedenheit ziehen sie sich an und stoßen sich dadurch auch wieder ab. Sie

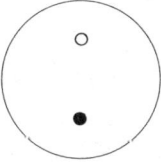

bilden so zusammen ein Kraftfeld, in dem gegenseitige Befruchtung und Wachstum stattfinden, Auseinandersetzung und

41

Zusammensetzung wechseln einander ab, auf Annäherung folgt Entfernung, Selbstentfaltung bereichert die Verschmelzung.

3. Um dieses Geschehen im Gleichgewicht zu halten, ist zwischen den beiden Kraftfeldern von Frau und Mann eine klare Trennung nötig, die aber keineswegs starr sein darf, sondern gleichzeitig Abgrenzung und Kontakt möglich macht. Die

geschwungene Linie symbolisiert die ständige Bewegung dieser Trenn- und Berührungslinie – je geschwungener und flexibler sie ist, um so mehr Austauschpunkte sind gegeben. Ist sie statt dessen gerade und starr, so ist nur noch wenig gegenseitiges Verstehen möglich, die Trennungslinie spaltet das Feld auf, z. B.

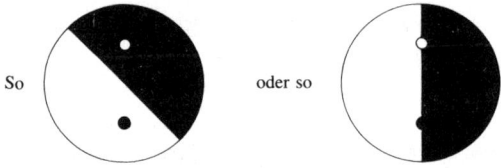

So   oder so

Idealerweise haben Mann und Frau die Fähigkeit, die Rollen auszutauschen, einander abwechselnd Befriedigung zu geben, füreinander stark und schwach zu sein, zu geben und zu nehmen, zu verschmelzen und sich wieder abzugrenzen, männliche und weibliche Anteile zu entfalten.

An dieser Stelle muß aber auch deutlich gesagt werden, daß diese Fähigkeiten nicht einfach im Menschen vorhanden sind, sondern in einem Reifungsprozeß erlernt werden müssen – einem Prozeß, der meist ein Leben lang dauert, weshalb Partnerschaft ständige Bereitschaft zum Lernen und Umlernen erfordert. Beide müssen sich immer wieder aufs neue öffnen, aufeinander zugehen, Grenzen sprengen und miteinander in Bewegung bleiben.

So einfach, wie diese Gedanken niederzuschreiben sind, ist ihre Umsetzung in die Realität leider nicht. Oft stehen sehr viele persönliche Schwierigkeiten der Glückserfüllung entgegen – der eigenen und der des Partners.

Haben wir bisher hauptsächlich die Gründe dafür in der gesellschaftlichen Deformierung und in überindividuellen Gesetzmäßigkeiten gefunden, wollen wir vor allem im 3. Kapitel die Gefährdung des Partnerschaftsprozesses durch die einzelnen Partner untersuchen.

Zunächst aber sollen weitere Lösungsansätze für Partnerkonflikte vorgestellt und verglichen werden.

2 Partnerkonflikte im Methodenstreit

Die Einschätzung von Partnerproblemen und die Wege zur Problemlösung sind in den verschiedenen Therapierichtungen sehr unterschiedlich und teils widersprüchlich.

In der Partnersynthese kommt es aber nicht darauf an, der einen oder anderen Richtung den Vorzug zu geben, sie für richtig und falsch zu erklären oder gar allen vorhandenen noch einen neuen Lösungsvorschlag hinzuzufügen, sondern geeignete Ansätze zu einem übergreifenden Lösungsmodell zusammenzufügen. Denn die verschiedenen Vorgehensweisen schließen einander nicht aus, sondern stellen unterschiedliche Zugangsweisen für die Konfliktbearbeitung dar. Das soll uns aber nicht davon abhalten, die einzelnen Methoden kritisch im Hinblick auf Partnertherapie zu überprüfen und ihre Vor- und Nachteile zu vergleichen.

Zunächst fällt auf und überrascht, wie abweichend die verschiedenen Autoren, je nach ihrer Herkunft, die konfliktauslösenden Ursachen und die von den Partnern vorgetragenen Beziehungsstörungen einstufen.

Sexualität wird einmal ganz vorn in der Reihe der Auslöser genannt (Struck 1974, Hahlweg u. a. 1980), dann wieder ganz nach hinten gestellt (Zuber 1967, Hunriker 1972, Eysenck 1983). Kriegsfolgen, Frühehen, allgemeiner Sittenverfall, die Wohlstandsgesellschaft, neurotische Partnerwahl und seelische Störungen, Kommunikationsfehler und mangelndes Belohnungsverhalten werden von den Therapeuten unterschiedlich als Ursachen erkannt. Die ratsuchenden Paare selbst scheinen – laut verschiedener Statistiken – sehr auseinandergehende Konfliktbereiche zu nennen: alltäglicher Streit um Kleinigkeiten, sexuelle Störungen, Erziehungsprobleme, Untreue, Trennungsabsichten und Emanzipationsprobleme wechseln in der Reihenfolge einander ab.

Ich will mich hier auf den Vergleich der Therapieansätze beschränken. Sie lassen am deutlichsten erkennen, welche Schwerpunkte für die Bearbeitung und Lösung von Partnerproblemen zu setzen sind. Daraus läßt sich dann auch ableiten – und das geschieht im Schlußkapitel –, was Paare für sich selbst, ohne therapeutische Hilfe, tun können, um ihre Partnerschaft aufzubauen.

Zunächst haben alle Schulen ihre theoretischen Grundannahmen über die Einzeltherapie und deren Techniken einfach auf die Paartherapie übertragen. Das Spezifische der Paartherapie blieb unerkannt. Danach wurde lange Zeit gar nicht gefragt, sondern von der Annahme ausgegangen, daß wenn das Individium sich nur recht entfaltet, seine Partnerfähigkeit sich erhöht und damit die Partnerschaft automatisch besser funktioniert (vgl. Preuss 1973, Auckenthaler 1983). Diese Anwendung von Einzeltherapiemethoden auf Paartherapie führte bei den Ratsuchenden häufig zu einer Art von Selbstbehauptung und falscher Durchsetzung. Das Ergebnis konventioneller Paartherapie ist damit paradoxerweise oftmals die Trennung. So verwundert es kaum, daß immer öfter zu hören ist, zu einer Eheberatung zu gehen sei Unsinn, denn dann würde man doch bloß geschieden.

Methodenvergleich

Die *Psychoanalyse* – hier hauptsächlich durch Preuss, Willi und Lemaire vertreten – hat ihr herkömmliches Krankheitsmodell auf die Paar-Therapie übertragen. So ist schon die Partnerwahl durch den neurotischen Konflikt des Individuums bedingt. Der Partnerkonflikt ist bereits zum Zeitpunkt der Partnerwahl, also beim Sich-Verlieben, vorprogrammiert. Unabdingbares Ziel dieser Therapie bleibt somit die Bearbeitung der individuellen Neurose. Dagegen scheint es weitaus sinnvoller, positive Ziele von Partnerschaft aufzuzeigen sowie die Möglichkeiten, diese durch eigene Kraft auch zu erreichen (Scholz 1982), statt immer wieder nur an der Aufarbeitung krankhafter Nachholbedürfnisse festzuhalten, wie Lemaire (1980) dies tut, wenn er sagt: »Noch häufiger dürfte der Fall eintreten, daß zwei Partner die Paarbildung dazu benutzen, ihre persönlichen Schwierigkeiten zu bewältigen . . .«

Partnerschaft hat als wichtigstes Ziel, die Reifung des Einzelnen in der sozialen Beziehung zu vollenden und die kreative Gestaltung des Menschen als Prozeß der Einordnung in die Gruppe zu ermöglichen. Der Prozeß ist zu verstehen als lebenslange, phasenartige Bewegung, die – zugegeben – bereits in der Kindheit einsetzt.

Eltern und Kind bilden eine Symbiose, aus der das Kind sich in der Pubertät durch explosionsartige, aggressive Akte herauslöst und in der entgegengesetzten Bewegung weiten Abstand von den Eltern nimmt. Erst in der Heranreifung zum Erwachsenen kann eine Rückannäherung an die Eltern als Gleichberechtigter erfolgen. So auch der Partnerverlauf: Zu Beginn steht die symbiotische Liebe, das unendliche Verlangen, eins zu werden und sich ineinander aufzulösen. Erst nach einigen Jahren setzt der Prozeß der Individuation ein, der aber in seiner Loslösungstendenz vom anderen als Liebesverlust empfunden wird (vgl. Kap. 1). Die Tatsache, daß das Erlernen von Partnerschaft schon in der Kindheit – ja, sogar Generationen vorher – beginnt, darf nicht dahin mißverstanden werden, es seien allein die unverarbeiteten Konflikte aus den Kindertagen, die die Zweierbeziehung scheitern lassen, und der einzelne bringe, wie unter einem Fluch, den Partner ins Unglück – auch noch den nächsten und übernächsten, falls es ihm nicht gelänge, in der Zwischenzeit seine seelischen Störungen aufzuarbeiten.

Wichtiges Argument gegen diese von der Krankheit ausgehende Betrachtung von Partnerschaft bleibt aber, daß gerade die Schwankungen einer Partnerbindung zwischen Liebe und Kummer als entwicklungsfördernde, natürlich-notwendige Lebensprozesse zu verstehen sind (vgl. Phasendynamik und Polaritätsprinzip), die einen zukunftsgerichteten Sinn haben.

Die *Verhaltenstherapie* geht von einem Paar-System aus, in dem Mann und Frau sich gegenseitig belohnen und verstärken, aber

46

auch bestrafen und an der Entfaltung hindern (Jacobson und Margolin 1979). Die Lerntheorien, die für den einzelnen gelten, sollen dieselbe Gültigkeit für die Paarbeziehung haben. Hier sehen die Autoren die Konfliktentstehung in der ständigen Wiederholung von Verhalten, was allmählich langweilig und mißliebig wird. Umweltveränderungen durch Beruf, Politik, Karriere und Emanzipation tun ihr Übriges zum Partnerstreit. Die Lösung wird in Erneuerung von Verhalten, Stimulierung und Variation gesehen. Erreicht werden soll die Verbesserung der Partnerbeziehung durch Kontrakte, Trainings usw.

Genauer betrachtet versuchen die Verhaltenstherapeuten, dem Partnerkonflikt mit intensivem Kommunikationstraining beizukommen, und lassen das Ergebnis zur Kontrolle schriftlich fixieren, als eine Art Konfliktstrategie. Ob sich aber z. B. »Wünsche zur Verwöhnung« (vgl. Hahlweg 1981) – damit ist ja dann auch erhöhte sexuelle Einfühlungsbereitschaft, innere seelische Zuwendung und Partnersolidarität gemeint – per Vertrag verwirklichen lassen, erscheint mehr als zweifelhaft. Auch läßt sich der Konflikt um eine Dreiecksbeziehung nicht wirklich nur im »Hier und Jetzt« (Hahlweg 1981) lösen. Was in der Psychoanalyse zu viel geschieht, erfolgt hier zu wenig: die tiefenpsychologische Verknüpfung der Zweierbeziehung mit der lebensgeschichtlichen Problematik des einzelnen.

Noch mehr irritiert aber – und das gilt auch für die nachfolgend betrachteten Methoden der Familien- und Kommunikationstherapie –, daß hier Partnerbindung, Zweierbeziehung und Ehe überhaupt nicht auf dem Hintergrund eines besonderen Menschenbildes und gesellschaftspolitischer Wirkungen gesehen werden. So schreibt Hahlweg: »Aus verhaltenstherapeutischer Sicht wird die Qualität einer partnerschaftlichen Beziehung im wesentlichen durch Kommunikations- und Problemlösefertigkeiten der Partner bestimmt.« Auf jedes Team, jede Gruppe und auf jeden einzelnen als Mitmensch trifft das zu. Gälte es so auch für die Partnerbeziehung, dann müßte z. B. die einfache Annahme, daß Lob und Zuwendung allein bereits gewünschtes Verhalten verstärken und dadurch häufiger werden lassen, doch dazu führen, daß die zu Beginn der Ehe so heiße Sexualität immer mehr wird – jedoch das Gegenteil tritt ein!

Auch die Innigkeit der Partnerbeziehung müßte ständig zunehmen – und wenn der eine den anderen bis zur Selbstaufgabe und Hörigkeit liebt, müßte der Andere doch ebenfalls in Liebe aufflammen! Wie aber entsteht überhaupt Hörigkeit? Das alles bleibt offen.

Eine Weiterentwicklung hat der verhaltensorientierte Ansatz in der Paartherapie durch Haley (1976) erfahren. Sie baut auf den Grundlagen der *Systemtheorie* auf und mündet schließlich in die »direktive Familientherapie«. Haley bildet mit seinen Aussagen den deutlichen Gegenpol zur Psychoanalyse: individuelle Verhaltensprobleme sind hier im Wesentlichen definiert als Manifestationen interpersonaler Pathologie, die in Ehe oder Familie existieren. Nicht mehr der einzelne kommt fehlerhaft in die Paarbeziehung hinein und löst dadurch Konflikte aus, sondern es verhält sich genau umgekehrt: Der einzelne wird durch Störungen in der Paarbeziehung krank. Folgerichtig liegt der Brennpunkt der systemtheoretischen Therapie – unter Vernachlässigung der Einzelpersönlichkeit – auf der Veränderung gegenwärtiger Partnerstrukturen.

Als weniger tiefgreifend und nur einen Teilaspekt der Paardynamik erfassend muß in diesem Zusammenhang die *Kommunikationstherapie* gesehen werden. Sie stellt nicht die Inhalte der Zweierbeziehung, sondern den Umgang der Partner miteinander in den Mittelpunkt des therapeutischen Geschehens. Dies gilt sowohl für die Vertreter der von Rogers stammenden gesprächstherapeutischen Richtung (vgl. Guerny 1977) als auch für die Verfechter der direkten Kommunikationstherapie. Daß Konflikte entstehen, wird zurückgeführt auf mangelnde kommunikative Fähigkeiten wie schlechtes Zuhören, zu geringe Empathie, zu wenige oder falsche Rückmeldungen, verdecktes Ansprechen von Gefühlen und Wünschen, geringe Selbstexploration. Daß diese Aspekte der Beziehungsebene nur ein Teil menschlicher und partnerschaftlicher Auseinandersetzungen sind, wird von den Kommunikationstherapeuten schlicht übergangen und ver-'

suchsweise dadurch wiedergutgemacht, daß sie alles menschliche Verhalten als Kommunikation definieren.

Das therapeutische Geschehen darf aber nicht auf bloße Kommunikations- und Problemlösestrategien reduziert bleiben. Mitenthalten sind Arbeit über Partnerschaftsinhalte und Partnerschaftsideologien. Hier aber beginnt die eigentliche Schwierigkeit, nämlich zu definieren, was denn Partnerschaftsinhalt sein könnte.

Zusammenfassend ergibt sich ein zweiter, all diesen Ansätzen gemeinsamer Mangel: Es wird kaum versucht, sich mit der Sinnhaftigkeit und dem Sinnbild von Partnerbeziehung auseinanderzusetzen. Die Dynamik, die durch die Polaritäten Individuum-Paar und Mann–Frau in das menschliche Leben hinein kommt, wird nicht zum Inhalt der Therapie gemacht. Auch werden keine Vorstellungsmodelle dafür gegeben, wie die Begegnung der Geschlechter generell zu verstehen sei.

Lediglich die Bemühungen des Feminismus der jüngsten Zeit und die daraus abgeleitete *feministische Therapie* unternimmt einen solchen Versuch. Theoretischer Ausgangspunkt dabei ist, daß Mann und Frau, die in ihren Empfindungen, Bedürfnissen und Wünschen als ursprünglich gleichgerichtet verstanden werden, lediglich durch gesellschaftlich bedingt Sozialisationsfaktoren in ungleiche Ausgangslagen geraten sind. Der Mann, verurteilt zum Mißbrauch seiner Macht, ist vom Weiblichen entfremdet, z. B. durch Berufsorganisation und Faktensprache. Die Ursachen von Konflikten in der Partnerbeziehung liegen somit in der Außenwelt. Fokus der Therapie ist die Veränderung der Umweltbedingungen, z. B. durch vertragliche Abmachungen über Tätigkeiten im Haushalt, die inhaltliche Umwertung und organisatorische Umschichtung mit Hilfe des Therapeuten erfahren (Hare-Mustin 1979). Um den dynamisch-tiefenpsychologischen Aspekt erweitert wird dieser Ansatz von Eichenbaum-Orbach (1984).

Der Wunsch, die Grundannahme zu verwirklichen, daß Mann und Frau in allen wichtigen Bereichen gleich sind und gleich reagieren, muß wohl sehr ernst genommen werden. Dennoch kann er zu Recht wohl nur als politisches Ziel verfolgt werden. Für die therapeutische Zielsetzung besitzt er keine innere Gültigkeit, da die Anerkennung der Geschlechts-Unterschiede Partnerschaft erst sinnvoll macht.

Trotzdem gilt: Den grundsätzlich verschiedenen Wesensarten von Mann und Frau muß die Gesellschaft gleiche Ausgangsmöglichkeiten zur Entfaltung bereitstellen. Die Umwelt muß so verändert werden, daß sie den beiden Eigenschaften weiblich und männlich gerecht wird, daß Partnersynthese gefördert wird statt Unterdrückung.

Die nebenstehende Kritik der einzelnen Methoden der Partnertherapie ist zumal in dieser Kürze, zu simpel und zu einseitig und daher unzureichend. Da aber inzwischen zahllose Ratsuchende, viele interessierte Laien und eine große Zahl von Eheberatungsstellen sich mit diesen Fragen beschäftigen, ebenso wie die Träger solcher Einrichtungen zusätzlich die Probleme von Kostenaufwand und Zeitdauer bedenken und schließlich die Berater und Therapeuten selbst zu einer Entscheidung darüber kommen müssen, worauf sie den Schwerpunkt ihrer Ausbildung legen wollen, will ich versuchen, einen schematischen Überblick zu geben. Anhand dieser Zusammenstellung findet der Leser Antwort auf folgende Fragen:

1. Wo haben die einzelnen Methoden ihren Schwerpunkt?
2. Welches sind ihre Vor- und Nachteile?
3. Wie ist ihre Vorgehensweise?
4. Wie kann erreicht werden, daß die verschiedenen Methoden einander nicht ausschließen, sondern zusammenfließen und zusammenwirken (Synergieprinzip, vgl. Petzold 1974)?

Schematische Darstellung der verschiedenen Therapierichtungen

Methode	Vorteile	Mangel	Vorgehensweise
Psychoanalyse	tiefenpsycholo-gisch-dynamisches Menschenbild; greift hinter die blo-ßen Symptome; einsichtiges Kollu-sionskonzept von Partnerschaft (Dicks 1969) auf-grund fundierter Theorie; Lehranaly-se des Therapeuten; als Verfahren kas-senfähig.	konzentriert auf verbales Vorgehen; Körper selbst tritt nicht in Aktion; kli-nische Auffassung vom Sinn der Part-nerschaft; zu sehr an der Kindheit orientiert; wenig Arbeit an den ge-sellschaftlichen Aspekten; dauert lange.	Gesprächstechnik; fordert Erkenntnis-se und verstandes-mäßiges Einsehen; vergleicht Kind-heitsbeziehung und Partnerschaft; ar-beitet auf der Be-ziehungsebene: Therapeut-Klient (Übertragung); Therapeut analy-siert, gibt Deutung und Interpretation.
Verhaltensthe-rapie (Sexualtherapie im engen Sinn stellt ein Teil-verfahren der Verhaltensthe-rapie dar)	greift gezielt Sym-ptome auf, dadurch gute Trennung von Beratung und The-rapie möglich; zeit-lich eng begrenz-bar; für das Paar einsichtiges Vorge-hen, daher weniger »Schwellenangst«; auch zu Hause leicht fortführbar; in den Auswirkun-gen überprüfbar; als Verfahren kassen-fähig	technokratisches Vorgehen; mach-bar-mechanisti-sches Menschen-bild; vordergründi-ge Paardynamik; läßt Phantasie, Traum und Unbe-wußtes außer acht; ohne Auseinander-setzung mit menschlichen Wer-ten; Beziehungs-aspekt verschwin-det hinter Lernmo-dell.	Fragebögen, Tests, Inventories zur Psy-chodiagnostik; übende Verfahren: Entspannung, Kon-ditionierung, Trai-ning, Gesprächsre-geln und -stile; Kontrakte, Verträ-ge, Abmachungen; Anleitung durch den Therapeuten.
Kommunika-tionstherapie	sucht die direkte und offene Ausein-andersetzung; Dy-namik aus dem Hier und Jetzt; verständ-liche Zielsetzung; arbeitet methoden-integrativ, zeitlich begrenzbar.	wenig paarspezifi-sche Theorie; als Verfahren nicht klar abgrenzbar; ohne gesellschafts-politische Veranke-rung; vernachläs-sigt Konfliktursa-chen.	Gesprächsregeln, Selbstexploration, Symptomverschrei-bung/paradoxe In-tervention, positive Umdeutung; verba-le und nonverbale Übungen zu Di-stanz und Nähe, Macht, Intimität, Vertrauen.

Methode	Vorteile	Mangel	Vorgehensweise
Gesprächstherapie	stark humanistische Orientierung; Gewicht auf menschlichem Wachstum; arbeitet mit sehr viel Einfühlung und Selbsterkenntnis; sucht neuerdings nach paarspezifischem Ansatz in Zusammenhang mit Selbst- und Familienkonzept (Schmidtchen 1983).	bleibt zu sehr im Verbalen, keine Körperarbeit; konzentriert auf individuelle Persönlichkeitsentfaltung; einseitiges Verständnis von der funktionierenden Persönlichkeit, sucht Paar- und Einzeltherapie im Grunde gleichzusetzen (Auckenthaler 1983, Tschenlin 1983).	Gesprächsführung mit hoher Zuwendung durch Therapeuten; Gefühlsvertiefung; Veränderung durch Einsicht.
Feministische Therapie	Abkehr von dualistischen Vorstellungen über maskuline-feminine Persönlichkeitstypen (Kaplan 1976); Ziel der androgynen Persönlichkeit (= männliche und weibliche Elemente in beiden Geschlechtern); Abbau traditioneller Rollentrennung; Unterscheidung zwischen persönlichen und externen Belastungsfaktoren; Betrachtung der Familie als System; klare politische Umweltorientierung; Abbau falscher Macht.	Gefahr einseitiger Bündnisse in der Therapie, wird als tendenziös eingestuft; negiert psychologische Geschlechtsunterschiede.	Veränderungen in bestimmten familiären Bereichen: Neuverteilung der Pflichten im Haushalt, altersentsprechende Verantwortlichkeit auch der Kinder; Erhöhung des emotionalen Sprachanteils; Generationsgrenzen; Anbieten von Modellverhalten durch weibliche Therapeuten; Stärkung von weiblichem Selbstvertrauen, Eigenleben und Intimsphäre; Veränderungsverträge in der Familie.
Familientherapie	Betrachtend-beschreibendes Vorgehen; Einbeziehung der ganzen Familie; Aufhe-	kein echter Ansatz für Partnertherapie; Überbetonung des Systems Familie gegenüber Indivi-	Techniken der Gestalttherapie, Psychodrama, Verhaltenstherapie, Rollenspiel, Familien-

Methode	Vorteile	Mangel	Vorgehensweise
	bung der Sünden- bockrolle; arbeitet realitätsnah; verbin- det die Generatio- nen; konzentriert sich auf Gleichge- wicht der Familien- mitglieder.	duum und Paar; we- nig eigenständige Methodik; als Ein- zeltherapie nicht möglich; nur in An- sätzen politisch durchdacht, vereint unter dem Namen »Familientherapie« völlig divergieren- de Methoden.	konstruktion, Fami- lienlandkarte und -skulptur; gibt z. T. klare Anweisungen und ordnet Fami- lienstruktur neu.
Integrative Ge- stalttherapie	Ganzheitliches Menschenbild: In- dividuation-Part- nerbindung-Gesell- schaft; Leib-Geist- Seele-Organismus; Therapie als tiefen- psychologisches, prozeßorientiertes Vorgehen nach dem Lebensmodell; In- tegration der menschlichen Ebe- nen; Integration der Methoden (= Syn- ergie); setzt Selbst- verwirklichung und Sozialverhalten in Beziehung; Partner- schaft als Grund- modell menschli- chen Lebens, wachstumsorien- tiert; Partnerthera- pie als eigenständi- ges Verfahren; di- rekter Körperkon- takt; Mensch als Teil der Natur; Lehranalyse der Therapeuten.	Durchführung der Therapie erfordert höchste Ausbil- dungsqualifikation auf Therapeutensei- te; Grenzen zwi- schen Beratung und Therapie fließend; Konflikthaftigkeit im Bereich gesell- schaftlicher Werte; keine vollständige Theorie.	betrachtend-phäno- menologisch; Ein- sicht durch Erleben und Selbsterfah- rung: mit Hilfe von Körperarbeit, krea- tiven Medien wie Malen, Schreiben, Bewegung, Tan- zen, Masken, Mu- sik, Rollenspiel, Traumarbeit, Phan- tasietechniken, Ge- nerationsarbeit und Lebensplanung (Kontinuum); üben- de Verfahren; Ge- schichte der Begeg- nungen, Partnerpa- norama, Partner- sinnbild; tetradi- sches Konzept mit Prozeßorientierung; integratives Vorge- hen auf allen menschlichen und methodischen Ebenen.

Aus dieser Übersicht wird deutlich: Partnertherapie muß auch dann noch möglich sein, wenn einer der Partner gar nicht mitkommt. Es muß dann auch noch Partnertherapie bleiben und darf nicht etwa automatisch Selbstbehauptung und Trennung daraus werden. Das ist nur gewährleistet, wenn die therapeutische Arbeit auf der Grundlage ganzheitlich-phänomenologischer Betrachtung der Partnerbeziehung – verstanden als Lebensprozeß mit spezifischen Strukturen – geschieht.

Zwei zumindest von der Theorie her wichtige Ansätze sind hier unberücksichtigt geblieben. Den einen, der Individualpsychologie Alfred Adlers folgend, hat dessen Schüler Rudolf Dreikurs in »Die Ehe – eine Herausforderung« leicht verständlich und in vielfältiger Aufarbeitung des Themas dargestellt.

Der zweite Ansatz, an die Psychologie C. G. Jungs und dessen Lehre von den Archetypen anschließend, ist von dem Jungianer Adolf Guggenbühl-Craig in »Die Ehe ist tot – lang lebe die Ehe« formuliert worden. Ihm geht es darum, die Ehe von einer »Verkümmerungsinstitution«, als die sie in ihrer konventionellen Form und Funktion weiterhin Menschen in ihrer persönlichen Entwicklung behindert, zu einer der menschlichen Individuation dienenden Einrichtung werden zu lassen. Da hierzu aber bisher keine ausreichend konkreten Vorstellungen und praktikablen Wege angegeben sind, kann auch auf diesen Ansatz hier nicht näher eingegangen werden.

Grundlagen der Partnerschaft

Als Grundmodell allen menschlichen Lebens bezeichne ich die Partnerbindung zwischen Mann und Frau, die aus sich heraus auf Fortsetzung angelegt ist. Danach ist Partnerschaft ein Prozeß, in dem der eine sich durch den anderen weiterentwickelt bis hin zu einem Identitätsgefüge, in dem der ideale Ort für die Freisetzung der menschlichen Wachstums- und Entfaltungspotentiale liegt: die Partnersynthese.

Liebe wird somit zum Träger allen Lebenssinnes, Ziel ist die sich immer erneuernde Vereinigung zweier Menschen. Verdeutlicht sei dies mit den Worten Ernesto Cardenals:

Im gleichen Augenblick, in dem der Mensch zu einem vernunftbegabten Leben erwacht, merkt er, daß sein ganzes Leben nichts als Wunsch, Leidenschaft, Hunger und Durst nach Liebe ist. Die unverfälschte Substanz unseres Wesens ist Liebe. Wir sind ontologisch Liebe. Und auch Gott ist wie ein einziger Liebesschrei, eine unendliche Leidenschaft und ein unendlicher Durst nach Liebe. *Unsere einzige Daseinsberechtigung ist diese Liebe!*

Liebe ist die Grundlage aller Menschlichkeit. Alle Formen von Liebe sind gut und tragen in sich die Kraft zur Vollkommenheit. Diese Zielorientierung dient uns als Grundlage bei der Gestaltarbeit am gemeinsamen Lebensplan. Gestalttherapeutische Arbeit am Lebensplan, wie sie in diesem Buch vorgestellt werden soll, umfaßt:

Inhalte der Partnerschaft

Die wesensbestimmende Dimension des Menschen ist seine lebenslange Aufgabe, die Liebe und ihre Erfüllung zu suchen. Männliche und weibliche Anteile, die als Gegenpole in beiden Geschlechtern, in der Tier- und Pflanzenwelt, in der gesamten Natur ein universales Feld gegenseitiger Anziehung bilden, fügen sich erst in ihrer Vereinigung zur sinnvollen Gestalt. Im Lebensplan jedes Individuums ist enthalten, in der liebenden Vereinigung seine Ganzheit zu suchen. Durch die Liebe wirkt der Mensch mit an der Aufgabe, die Welt zu erhalten und zu erneuern. Dies geschieht durch Arbeit ebenso wie durch Lusterfüllung, durch Begierde und sexuelle Erfüllung ebenso wie durch Verzicht und Zurückhaltung, durch Orgasmus, durch Zeugung und durch Tod.
Dabei ist es für den einzelnen wichtig, den Mut zu finden, seine Wünsche, Phantasien, Hoffnungen und Träume von der Liebe in die Tat umzusetzen und sich nicht hinter ängstlicher Bescheiden-

heit zu verbergen. Zur Liebe gehört auch die Maßlosigkeit, das Fordern und die Erfüllung, nicht allein der Verzicht. Träume werden »existentielle Botschaft von dem, was in unserem Leben fehlt, was zu tun und zu leben wir aus Angst vermeiden« (Perls 1969). Partnerschaft hat damit aber auch gemeinsame Bewältigung von Lebensangst, von Alleinsein und Isoliertheit, von Alltagslast und Berufssorgen, also auch die Befriedigung der Vitalbedürfnisse wie Geborgenheit, Sicherheit, materielle Existenz zu leisten. Die Fragwürdigkeit, dies allerdings per Gesetz oder Moral zu verordnen, soll hier hervorgehoben werden. Die innere Geborgenheit des einzelnen nimmt dadurch in der Regel nicht zu – Sicherheit entsteht allein dadurch, daß die Partner ihr Ziel von Partnerschaft aus sich heraus finden.

Form der Partnerschaft

Wie der einzelne diese Liebe lebt, welche Form der Partnerbindung er wählt, welche Wege er findet, sich durch sie zu entfalten, in ihr zu wachsen und erwachsen zu werden bis hin zur Reife, ist zumindest in unserer Kultur häufig schwierig. Viele Lebensformen der Liebe stehen nebeneinander, und so muß jeder für sich die ihm gemäße finden und mit dem Partner abstimmen. Wie Partner in einer Beziehung dann miteinander umgehen, ob sie sich streiten, schlagen, küssen oder streicheln, ist unmittelbare Folge dessen, ob sie als Kind überhaupt gelernt haben, Liebe zu zeigen, zu geben oder zu nehmen.

Die Form der Partnerschaft und die »Kunst des Liebens« gehen, das zeigt Erich Fromm (1971), jedenfalls über Kommunikationsstile, Systemorientierung, sexuelle Fertigkeiten, Zeigen von Gefühlen und bloßen Körperkontakt hinaus. Die Form wird zum Spiegel innerer Einstellung und Erlebnisfähigkeit.

Die Ausdrucks- und Umgangsformen der Liebe sind lernbar, nötigenfalls durch Psychotherapie. Aber dieses Lernen ist erst dann sinnvoll, wenn Inhalt und Ziel der Liebe für die Partner spürbar sind, d. h. wenn nicht äußere Zwänge oder seelische

Störungen die Liebe im Menschen blockieren. So deutlich aber die Form der Partnerschaft für die Betroffenen und den Therapeuten im Vordergrund stehen mag, deren Bearbeitung darf bei der Suche nach Problemlösung nicht als erstes angestrebt werden.
Im Vordergrund steht bei der Gestaltpaartherapie vielmehr die Konsensfähigkeit; ist sie vorhanden, verbessert sich die Kommunikation der Partner automatisch. Zur Konsensfähigkeit – gemeint ist damit die umfassende Partnerauseinandersetzung – gehören tiefes inneres Erleben und Gefühlsreichtum genauso wie Durchsetzungskraft und Selbstbewußtsein, klare Abgrenzung und Verschmelzung, Einfühlungsvermögen und Ausdruckskraft. Dies alles fassen wir unter der Bezeichnung »Partnerstile« zusammen (siehe Kap. 3). Die jeweils praktizierte Lebensform der Liebe – ob mit Trauschein oder nur Standesamt, ob offene Ehe, Partnerschaft oder gleichgeschlechtliche Liebe – braucht zur Entfaltung zwar Dauerhaftigkeit, sie allein ist aber nicht entscheidend für gute oder schlechte Partnerschaft, für Gelingen oder Mißlingen der Liebe.

Ziel der Partnerschaft

Die Gestalttherapie hat Ganzheitlichkeit zum Ziel: Menschen streben in der Paarbeziehung auf eine Erfüllung körperlicher, geistiger und seelischer Wesensbedürfnisse hin. Existentielles Anliegen dabei ist die Entfaltung aller Potentiale und Möglichkeiten, aller menschlichen Kräfte und schöpferischen Impulse. In der »Partnersynthese« finden Integration und Kreation in ständigem Wechsel statt: Kräfte aus der Umwelt werden ständig neu einbezogen in das Gefüge gegenseitiger Impulse, wechselseitige Befruchtung führt daraufhin zu schöpferischer Leistung.
Das heißt nicht, daß Partnerschaft zum Ort der Ausschließlichkeit wird, zur Insel, auf der sich alles Leben abspielt und der einzelne in die heile Partnerwelt eintaucht. Im Gegenteil, Partnerbindung darf nicht zur Dauersymbiose werden, sie braucht viele Orte: Freunde, Verwandte, Freizeit, Arbeit, Reisen, Kul-

tur, – Orte auch, wo der Partner sich vom Partner erholt. Ständig ist neue, kritische Anpassung an die sich verändernde Umwelt notwendig, laufende Veränderung der eigenen Persönlichkeit und ihrer wechselweise in den Vordergrund tretenden Bedürfnisse mit oft divergierenden Inhalten, einmal nach Ruhe, dann nach Abwechslung, nach hingebender Verschmelzung, dann nach Distanz und Eigenständigkeit, bleiben lebenslange Aufgabe der Integrationskraft beider Partner.

Ganzheitlich meint also ein ständig strömendes Fließgleichgewicht zwischen den Partnern, ihrer Umwelt und allen Bedürfnissen.

Partnersynthese und ihre theoretischen Grundlagen

Hier habe ich am längsten gezögert und spüre die größten Zweifel: ist es nicht paradox, ja unnatürlich und widerstrebt es nicht unserem ganzen menschlichen Empfinden, Liebe zu analysieren und Partnerschaft theoretisch zu ergründen? Brauchen wir überhaupt eine solche Theorie und gibt es nicht schon genug davon?

Bei genauer Betrachtung wird deutlich, daß wir erstaunlicherweise über sehr viele Theorien zur Persönlichkeit des Menschen, über seine Entwicklung und seine Gesellungsformen – die Gruppe, die Masse und vor allem die Familie – verfügen, nicht aber über eine Theorie der Partnerschaft.

Etwa weil Wissenschaft und Liebe einander ausschließen? Dies ist wohl eher vordergründig. In Wahrheit brauchten wir bisher zumindest keine psychologischen Erklärungsversuche, weil uns der Sinn der Mann-Frau-Beziehung, die Form der Partnerschaft und die Verhaltensregeln dafür durch die christliche Ausprägung der abendländischen Kultur lange Zeit vorgegeben waren. Die Ehe galt dabei als die einzig legale Form intimer Beziehung überhaupt, und die Sinnhaftigkeit dieser Verbindung war letztendlich traditionell–kirchlich festgelegt.

Es gibt aber heute, unter inzwischen veränderten Bedingungen, keine allgemeingültige und für jeden verbindliche Regelung der Partnerbeziehungen mehr. Wir leben in einer demokratisch-pluralistischen Gesellschaft und große Bevölkerungsgruppen folgen sehr unterschiedlichen, sich teils widersprechenden Zielvorstellungen. Neue Werte, wie Selbstverwirklichung und Liebeserfüllung, gewinnen an Bedeutung. Das Paar, sinnhaft in sich selbst, muß seinen Sinn aus sich heraus finden.

In dieser kritischen Umbruchphase sind aber gleichzeitig ganzheitlich-menschliche Lebensmodelle erforderlich, die über bisherige Lösungsansätze hinausgreifen, denn die zunehmende Krisenhaftigkeit vieler Partnerbeziehungen ist nur Ausdruck einer allgemeineren, tieferen Krise: den Menschen des nachindustriellen Zeitalters ist erstmalig nicht primär die Aufgabe gestellt, sich zu vermehren und sich die Welt untertan zu machen, sondern diese zu erhalten und mit ihr die Menschen und deren Liebesfähigkeit, die als Lebenskraft elementare Urbedeutung hat.

Eine Theorie der Partnerschaft muß daher unter diesen Voraussetzungen Zukunftstorientierung und Sinngebung ermöglichen, gleichzeitig aber auch praktikable Erkenntnisse für den Alltag und in unserem Falle psychotherapeutische Hilfen für die Krisenbewältigung liefern. Die transzendentale Betrachtungsweise muß durch eine integral-phänomenologische, die das Hier und Jetzt realistischer einschließt, abgelöst oder zumindest ergänzt werden.

Bausteine für eine solche Theorie sind schon vorhanden: Die Identität eines Menschen ist gekennzeichnet durch seine Koexistenz, d. h. er ist nur Mensch als Mitmensch und gewinnt Sinn nur im Konsens mit anderen (Petzold 1978). So ist alles Leben geordnet: selbst in der Physik gehen neuere Annahmen dahin, daß für jedes Teilchen auch ein Antiteilchen existiert. Die kleinste Lebenseinheit ist die Dyade, nicht die Monade.

Neben diese anthropologische Sicht des Menschen ist die tiefenpsychologische zu stellen (vgl. Dicks 1969, Willi 1975 und Lemaire 1980). Dabei handelt es sich aber im strengen Sinn nicht um eine Paartheorie, sondern um eine Persönlichkeitstheorie, die erklärt, wie ein Mensch sich mit Hilfe des Partners reorganisiert bzw. neurotisch verstrickt. Eine solche Theorie allein vermag nicht die reale Sinnhaftigkeit der Paarbeziehung zu klären, auch läßt sie die schwierige Frage der vielfältigen Umwelteinwirkungen außer acht.

Eine erhebliche Verständniserweiterung der polaren Ganzheit von Weiblich und Männlich bringt C. G. Jung mit der archetypischen Figur des jeweils gegengeschlechtlichen Seelenbildes, des Animus bei der Frau und der Anima beim Mann, dessen Integration auf dem Weg der Individuation erstrebt wird.

Eine Verbindung dieser beiden letztgenannten Ansätze führt Wrage (1979) herbei, unter Hinweis auf die (von M. Mahler untersuchte) pausenlose Bewegung schon des Kleinkindes zwischen Verschmelzung und Abtrennung. Erst dieser ständige Wechsel zwischen Fusion und Separation, den der Mensch dann als Kind, als Heranwachsender und schließlich in der Partnerschaft vollzieht, ermöglicht Erwachsenwerden. So vertritt Wrage folgerichtig das Konzept der Selbstverwirklichung innerhalb der Partnerschaft. Damit ist ein wesentlicher Bestandteil der Theorie der Partnersynthese angesprochen: Erst wenn der Mensch die Einheit mit einem anderen Menschen erlebt hat, kann er sich selbst zur Ganzheit entwickeln.

Während die Psychoanalyse, vereinfacht ausgedrückt, immer noch davon ausgeht, daß der Mensch erst dann, wenn er für sich ein Ganzes bildet und nicht mehr der Ergänzung durch den Anderen bedarf, mit diesem eine wirkliche Einheit bilden kann, verläuft in der Partnersynthese der Weg in umgekehrter Richtung: Das Ich wächst allein am Du, erst im Dialog wird menschliche Existenz sinnvoll, erst in der Beziehung reift der Mensch.

Zwei Fragen sind hier zunächst zu klären:

Zum einen, ob denn der Mensch, der infolge Krankheit, Alter, Gelöbnis oder aus freier Entschließung allein lebt, keine Ganzheit bilden könne?

Eine so extreme Position zu vertreten, wäre sicherlich falsch. Aber es muß postuliert werden, daß die Erfahrung von wiederholter Verschmelzung und Ablösung gelebt worden ist, und daß trotz des Alleinlebens intensiver Kontakt zu Menschen besteht.

C. G. Jung (1971) sagt: »Der unbezogene Mensch hat keine Ganzheit, ... denn ohne ... Bezogenheit auf den Nebenmenschen gibt es überhaupt keine Synthese der Persönlichkeit«. Deshalb ist z. B. Macht so menschengefährdend, weil sie den einzelnen aus dieser Bezogenheit heraushebt.

Zum anderen ist zu klären, ob denn dieses Du, die Bezogenheit auf einen anderen Menschen, notwendigerweise Gegengeschlechtlichkeit meint? Hier muß das traditionelle Verständnis, daß männlich ist, was vom Manne kommt und weiblich, was von der Frau kommt, überschritten werden. Jeder von uns verkörpert im wörtlichen Sinn beide Teile, lernt aber seinen eigenen gegengeschlechtlichen Anteil erst durch die Verschmelzung mit dem anderen Geschlecht zu leben. So ist auch in homosexuellen Beziehungen, wenn es nicht bei der sexuellen Begegnung bleibt, diese Gegengeschlechtlichkeit zu leben möglich, wobei zunehmende Dauerhaftigkeit dieser Beziehungen in einer liberaleren Umgebung sich unterstützend auswirkt (vgl. Singer 1984). Entscheidend für die Sinnhaftigkeit von Partnerschaft ist die Verschmelzung von Männlich und Weiblich, die Vereinigung von Logos und Eros im Sinne C. G. Jungs ist notwendig.

Gegengeschlechtliche Bezogenheit, wie die Partnersynthese sie vorstellt, meint dann Integration von Männlich und Weiblich. Jede Unterdrückung eines Teils würde desintegrierend und zerstörend wirken. Die Dominanz des Logos in unserer westlichen Welt muß einer integralen Lebensweise weichen, wie sie im taoistischen Denken vorgezeichnet ist.

Für die Partnersynthese gelten also folgende Grundannahmen:

1. Das Grundmodell menschlicher Lebensform ist die Partnerschaft von Mann und Frau. Sie stellen eine existentielle Einheit dar.

2. Innerhalb dieser Einheit stehen sie sich als Pole gegenüber, d. h. bei grundsätzlicher Gleichheit menschlicher Existenz sind sie wesenhaft verschieden.

3. Diese Polarität bewirkt wie in einem Kraftfeld gleichermaßen Anziehung und Abstoßung, so daß innerhalb der Bindung ständige Bewegung herrscht. Gleichberechtigung ist reale,

nicht ideale Voraussetzung für die Erhaltung von Partnerschaft.

4. Die Bewegung zwischen den Partnern regelt sich durch spezifische Verhaltensmuster, die wechselweise ineinandergreifen und in ihren Tendenzen voneinander abhängen: die Partnerstile.

5. Durch diese Bewegung von Anziehung und Abstoßung, von Verschmelzung und Trennung erfährt der Einzelne seine Individuation. Er integriert in sich männlich-weiblich zu einer Ganzheit, die ihm die volle Entfaltung seiner Kreativität gestattet.

6. Partnerschaft vollzieht sich in einem kontinuierlichen Prozeß mit phasenartigem Verlauf, der in wechselseitiger Abhängigkeit zur gesellschaftlichen Entwicklung steht.

Neu am Vorgehen der Partnersynthese ist weniger die Methode, als der Verständniszusammenhang: Problemlösung, Krisen- und Konfliktbewältigung werden nicht als Ausnahmezustand von Partnerschaft betrachtet, sondern sind integrierter Bestandteil – gehören zur Sinngestaltung einer Zweierbeziehung, sind wichtige Bauelemente der Partnerschaft.

Zum besseren Verständnis sei der bildhafte Vergleich der Zweierbeziehung mit einem Gebäude erlaubt:

Die Partnerschaft ruht auf vier Fundamenten: Umwelt, Erziehung, Partnerstile und Partnerziele (vgl. Kap. 1 und 3), darauf stehen vier Pfeiler: Körperlichkeit, Wissen und Verstehen, Partnerfähigkeit, und Partnerorientierung (vgl. Kap. 6). Diese tragen das Dach, die Partnersynthese mit ihren vier Seiten: Polarität, Bewegung, Integration und Kreativität. Konflikt- und Krisenbewältigung sind darin wie die Treppe zu verstehen, die über die verschiedenen Partnerphasen bis hinauf zum Dach führen. Das Dach, die Partnersynthese, nimmt dabei eine doppelte Rolle ein: sie wird Ziel des Zusammenlebens von Mann und Frau, bietet aber gleichzeitig umfassenden Schutz und Verständnis für die Zusammenhänge, wird zum Lebensmodell schlechthin.

Die *Polarität* erklärt, daß die Unterschiede und Gegensätze zwischen Mann und Frau erst in ihrer Verbindung zur Ganzheitlichkeit des Menschen überhaupt führen. Diese Gegensätze bewirken unaufhörliche *Bewegung* zwischen Anziehung und Abstoßung wie in einem Magnetfeld, liebende Vereinigung und aggressive Auseinandersetzung schaffen erst in ihrer Verbindung menschliches Leben. Die *Integration,* das Einbeziehen aller Lebenszeichen, also auch der scheinbar negativen und zerstörerischen, führt zur vollen Entfaltung aller Kräfte. Mit Hilfe dieser wird Neuschöpfung, konstruktive Veränderung, aktive Anpassung möglich: *Kreativität.*

Dies sind die vier Kennzeichen lebendiger Partnerschaft. Sie werden getragen von den vier genannten Pfeilern. Von entscheidender Bedeutung ist dabei die Auffassung, daß die Pfeiler erst im Verlauf der Beziehung ihre volle Höhe erreichen können, zu Beginn aber höchstens in Ansätzen vorhanden sind, ja sogar fehlen können und auch im Verlauf der Beziehung meist nicht alle gleichmäßig kräftig ausgebildet werden. Zeitweilig kann der eine oder andere Pfeiler sogar völlig zusammenbrechen, wodurch die Partnerschaft aber bereits in eine ernsthafte Krise geraten kann. Ähnlich, allerdings mit tiefgreifenderer Auswirkung, ist die Bedeutung der Fundamente zu verstehen: sie bilden zunächst das Ausgangsmaterial, das der einzelne in die Partnerschaft weitgehend vorgefertigt mitbringt, das aber bei massiver Divergenz oder gegenseitiger Unverträglichkeit in der Regel auch das Scheitern der Partnerbindung verursacht. Es kann hier auch nicht ein Element auf längere Zeit ohne Tragfähigkeit sein, ohne daß einer der Partner ernsthaft Schaden davontrüge.

Kein fertiges Gebäude also, das mit Beginn der Partnerschaft bezogen wird, sondern erst in deren Verlauf muß dieses Haus, Stockwerk für Stockwerk durch die Lebensphasen hindurch, über die Treppe der Konfliktbewältigung, aufgebaut werden.

3 Partnerprobleme und Partnerstile

Bisher wurde versucht, für das Scheitern von Paarbeziehungen eine Reihe entscheidender Faktoren und Ursachen namhaft zu machen, die nicht dem Einzelnen anzulasten sind. Und dies geschah bewußt entgegen der heute noch verbreitetsten Auffassung, das Liebesglück und seine Beständigkeit hingen letztlich doch von den persönlichen Eigenschaften der Partner ab. Wieweit dieser persönlichen Verantwortlichkeit – neben den genannten anderen Gründen – dennoch Bedeutung zukommt, soll jetzt gezeigt werden.

Partnerprobleme aufgrund persönlicher Schwierigkeiten

Wir gehen davon aus, daß jedes Paar im Verlauf der Beziehung mit Schwierigkeiten, Problemen und Krisen konfrontiert wird. Einige zerbrechen daran, viele leiden darunter, andere überstehen sie heil und glücklich.

Hier entscheiden weitgehend der persönliche Stil und die individuelle Fähigkeit, mit solchen Störungen umzugehen. Jeder von uns bildet dazu im Lauf seines Lebens für ihn recht typische Formen aus, die gerade in einer engen Zweierbeziehung besonders zum Tragen kommen – und oft zu Krisen oder zum Scheitern führen. Diese individuell gefärbten Handlungsmuster und Reaktionsweisen nennen wir »Partnerstile«. Mit ihrer Hilfe gilt es, eine Hauptlebensaufgabe ständig neu zu bewältigen, nämlich den Kontakt mit der Umwelt und den Mitmenschen, deren engster der »eigene« Partner ist.

Ohne Kontakt und ohne Partner zu sein, ist für die meisten von uns auf Dauer ein unerträglicher Zustand. Auch das Gegenteil davon, die Überflutung mit immer neuen Kontakten, immer neuen Partnerwechseln oder die totale Inbesitznahme durch den Anderen erdrückt uns ebenso.

Unser ganzes Leben lang versuchen wir, die Balance zwischen Freiheit und Trennung auf der einen Seite und Zugang oder Vereinigung auf der anderen zu halten. Jeder von uns muß einen gewissen psychologischen Freiraum haben, in dem er sein eigener Herr ist und in den einige eingeladen werden können, aber niemand eindringen darf. Indem ich mit Dir Kontakt aufnehme, setze ich meine Unabhängigkeit aufs Spiel, aber nur durch den Kontakt können wir unsere eigene Identität voll begreifen. (Polster/Polster 1975)

Verdeutlicht sei die Abhängigkeit des Kontaktes und damit der Qualität der Beziehung von der persönlichen Gestaltungsfähigkeit des Einzelnen durch das Yin-Yang-Modell mit den beiden Partnerpolen und deren Bewegungsimpulsen:

1. Von einem der Partner geht überhaupt kein Impuls aus, er ist innerlich leer, er bleibt völlig passiv und wird statt dessen nur durch die Impulse des Anderen und der Umwelt aktiviert – angedeutet durch die Pfeile. Folge: ein unerträgliches Gefälle und Abhängigkeit entsteht, und die Identität dieses Einen tritt hinter der des Partners völlig zurück. (Introjektion)

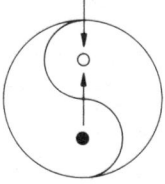

2. Alle Impulse gehen, im entgegengesetzten Sinne, nur von dem Einen aus, immer übernimmt er die Führung und setzt alle Regeln und Anstöße – angedeutet durch die Ausdehnung des Poles und

die Pfeile. Folge: Dominanz und Machtkampf herrschen vor, um so mehr, wenn der Andere sich wehrt. (Projektion)

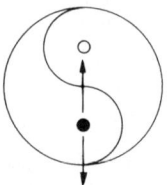

3. Alle Impulse bleiben bei einem Partner stecken, von seinen Bedürfnissen und Ideen kommt nichts rüber, überall hat er Mauern und Kontaktbarrieren errichtet, obwohl er innerlich voller Liebe und Zärtlichkeit ist. Folge: die Beziehung gerät in Erstarrung und Lähmung. (Retroflektion)

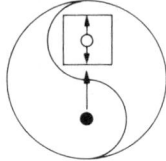

4. Bei einem Partner schießen alle Impulse durcheinander, ohne Abgrenzung oder Kontrolle oder sinnvolle Gerichtetheit; Stimmungen, Wünsche und Gefühle beispielsweise gehen kreuz und quer und die Beziehung ist durch chaotisches Auf und Ab gekennzeichnet. Folge: am laufenden Band finden Zerreißproben statt. (Konfluenz)

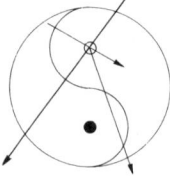

Damit haben wir, zumal in dieser negativen Ausformulierung, zunächst noch ein sehr grobes Raster für das Verständnis gestörter Beziehungen aufgrund von Verhalten des einzelnen Partners.

Dennoch lassen sich daraus im wesentlichen vier Muster von Handlungsmöglichkeiten ableiten; sie werden individuell in unterschiedlicher Weise bevorzugt angewandt. Dies hat unmittelbare Auswirkung auf den Partner und die Art der Beziehung. Von der jeweiligen Kombination dieser »Partnerstile« hängt das ganze Beziehungsmuster ab.

Der Versuch, individuell bevorzugte Muster des Handelns und Reagierens auf die Problemerfassung von Partnerschaft anzuwenden, basiert auf den von Fritz Perls (1969) und E. und M. Polster (1975) entwickelten vier Kategorien seelischer Mechanismen beim Menschen: Introjektion, Projektion, Retroflektion, Konfluenz. Ursprünglich wurden diese als Abwehrmechanismen, als Formen von Widerstand gegen die therapeutische Aufarbeitung definiert. Hier dagegen weichen wir von diesem Verständnis ab und erweitern das Konzept:

In einem lebenslangen Lernprozeß erwirkt jeder von uns typische Verhaltensweisen, um seine mitmenschlichen Beziehungen zu gestalten: die Partnerstile. Sie dienen als Ich-Funktionen und werden damit zum Ausdruck von Identität. Dies macht jeden für sich selbst und andere unverwechselbar. Bedingt durch die Lerngeschichte und die spezifische Lebenssituation tritt meist eines der vier Grundmuster besonders hervor, die anderen sind mit unterschiedlicher Gewichtung beteiligt. Idealerweise sollten sie aber in Abhängigkeit vom Partner und der jeweiligen Situation gleichermaßen verfügbar sein.

Die Entstehung von Partnerstilen

Ein Mädchen lernt z. B., daß es seinen Zorn gegen die Eltern nicht austoben darf, da es sonst hart bestraft wird, daß es für Stillhalten und Bravsein aber sehr viel Liebe bekommt. Je nach weiteren Umwelteinwirkungen wird das Kind wahrscheinlich alle anderen Verhaltensmöglichkeiten unterdrücken, vernachlässigen und verlernen zugunsten der am meisten belohnten, nämlich des Bravseins. So bildet sich allmählich ein Schwerpunkt in seinem typischen Reagieren heraus, der in den folgenden Jahren weiter komplettiert und nur in Ausnahmen noch wesentlich verändert wird.

Oder ein Vater ist sehr stolz auf seinen kleinen Sohn und will ihn möglichst männlich erziehen. Er freut sich, wenn der Junge wagemutig herumtobt, wilde Spiele anführt, sich gegenüber anderen Kindern behauptet und sie im Streit besiegt. Weint der Junge dagegen oder will er Zärtlichkeit, reagiert der Vater abweisend – über den Kopf streicht er ihm nur nach einer neuen »Heldentat«. Um weiterhin die Anerkennung des Vaters zu erhalten, wird der Junge bald verlernen, auch mal nachzugeben, sich ruhiger zu verhalten, seine Schwäche und Sensibilität zuzulassen, und er wird so nur den einen Stil ausbilden, nämlich der Starke zu sein, der Herr im Haus, der alle Zügel in der Hand behält.

An solchen Beispielen wird deutlich, daß das Erlernen von Partnerstilen schon sehr früh beginnt und stark an das Elternhaus, die Geschlechtsrolle und die Lebensbedingungen gebunden ist. Das Kind erwirbt auf diese Weise von klein auf Strategien, um das (Über-)Leben mit anderen Menschen zu meistern. Dieses Lernen von Umgangstechniken wird durch das ganze Leben hindurch fortgesetzt. Das ist sehr wichtig, weil nur so ein Umlernen oder die Ergänzung durch andere Stile möglich wird. Auch bleibt die Aussicht, mit zunehmendem Alter und reicherer Lebenserfahrung immer vielfältigere Umgangsformen erwerben zu können. Kommt es allerdings z. B. durch neurotische Störungen und seelische Verbiegung, zur Festlegung auf einen Stil allein, dann bedeutet dies für jede Partnerschaft eine sehr schwere Gefährdung.

Betont sei aber, daß es sich beim Erwerb von Partnerstilen um einen ganz normalen Lernvorgang handelt, der entsprechend der menschlichen Entwicklung zeitlich gestaffelt ist:

● In der ersten, der introjektiven Lebensphase existiert das Kleinkind in Symbiose mit den Eltern und ist ganz von deren Eingaben abhängig: Nahrung, Zärtlichkeit, Gebote, Verbote – alle Impulse, ob gute oder schlechte, kommen von außen und können vom Kind nur instinktiv ausgewählt werden. Diese Phase des Hereinnehmens ist gekennzeichnet durch Offenheit, Verletzbarkeit und damit auch Schutzlosigkeit. Eine Parallele dazu findet sich wieder in der *Hingabe-Phase* der Partnerbeziehung, in der die Partner sich kritikfrei annehmen.

• In der zweiten, der projektiven Lebensphase will das Kind nun umgekehrt seine Impulse auch an die Umwelt, vor allem die Eltern, abgeben: Verdauung, Trotz und Wut, Schmusigkeit, Experimentierfreude. Dafür muß das Kind Bestätigung finden, zumindest Resonanz – nur so gewinnt es Lust an der Entfaltung eigener Kräfte. Der Vergleich mit der *Aufbau-Phase* liegt nahe: Kinderzeugung, beruflicher Erfolg und Existenzaufbau sind Ausdruck eigener Lebenskraft.

• In der dritten, der retroflektiven Lebensphase geht es um die Einordnung und Anwendungsmöglichkeiten dieser Impulse: eigene Gefühle, Wünsche und Energien müssen mit denen der anderen in Übereinstimmung gebracht werden – zahllose Begrenzungen werden schmerzhaft erfahren: im Kindergarten, in der Schule, durch die Geschwister. Vergleichbar ist hier die Partnerphase der *Lebensmitte,* in der das Paar seine Lebenspläne überprüfen muß.

• In der vierten, der konfluenten Lebensphase, die zeitlich in die Pubertät fällt, muß der Jugendliche lernen, seine Impulse in sich selbst zu ordnen, in Kontrolle zu halten, seine Kräfte auf ein Ziel hin zu lenken. Dem entspricht in der Partnerbeziehung die Phase des *Altersbeginns:* Die Partner müssen ohne jede äußere Zielsetzung, ganz aus sich selbst heraus, ihr Leben neu ordnen.

Bei ungestörter Entwicklung in einer freundlichen und fördernden Umgebung erwirbt jeder Mensch alle diese Handlungsmuster und hat sie je nach Erfordernis der Situation zur Verfügung. Und erst aus diesem Gesamt-Verhaltensrepertoire heraus wird die Fülle partnerschaftlichen Umgangs möglich, wird sie vielfältig und kreativ. Allerdings ist es ein langer Weg, auf dem diese Partnerstile in vollem Umfang verfügbar werden, und viele Störmomente können dabei auftreten. Wie der Einzelne dann im

Kontakt mit dem Partner diese Stile verwirklicht, in welchem Verhältnis er z. B. Nehmen und Geben anwendet, wieweit er seine Bestrebungen abstimmt und seine Kräfte planvoll einsetzt, das ist für ihn kennzeichnend – als Persönlichkeit wie als Partner – und drückt seine Identität aus.

Identität, wie sie ihren Niederschlag in den Partnerstilen findet, ist ja das Ergebnis aus individueller Lerngeschichte und jeweiliger Lebenssituation (vgl. Petzold 1980). Dies bedeutet auch, daß die Partner bis ins Alter hinein keine endgültige Identität bilden, sondern immer wieder Veränderung erfahren, und daß somit das Partnergefüge ständig in Bewegung ist.

Zum besseren Verständnis sollen nun die vier Partnerstile zunächst einzeln und jeweils nur für einen Partner beschrieben, und im Anschluß deren Zusammenwirken erläutert werden.

Dies soll in der Form geschehen, daß jeder Stil von einem fiktiven Partner in einer Art Selbstbeschreibung vorgestellt wird, etwa auf die Frage hin: Was kennzeichnet Sie besonders in Ihrem Partnerverhalten?

1. Introjektiver Partnerstil

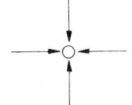

● Wenn ich so direkt gefragt werde, fällt es mir schwer, darauf zu antworten. Eigentlich weiß ich gar nicht so genau, wie ich wirklich bin. Unter günstigen Vorzeichen würde ich sagen, daß ich mich dem Partner leicht anpasse und mich unterordne. Ich streite mich nie mit ihm und will immer nur sein Bestes, ich widerspreche kaum und nörgele nicht. Ich bin sehr vertrauensvoll und sehr hilfsbereit und sehr froh und dankbar für alles, was er mir gibt. Auch bin lieber ruhig und dränge mich nicht in den Mittelpunkt, ich bin eher bescheiden und brauche nicht viel. Ich habe gern einen starken Partner, an den ich mich anlehnen kann. Sonst haben andere mich ganz gern, ich bin auch nicht ehrgeizig.

● Bei kritischer Betrachtung wirke ich oft hilflos und schwach, meist bin ich ängstlich. Ich habe keine eigene Meinung und ich würde mich auch kaum trauen, sie zu sagen – aus Angst, mein Partner oder die anderen könnten mich ablehnen. Ich habe wenig Kontakte und wenn, dann meist solche, wo ich ausgenutzt werde. Überhaupt bin ich zu vertrauensselig, kaufe alles, was mir angeboten wird; alles muß bei mir schon fertig sein. Auch bin ich ziemlich faul, und wenn andere Fehler machen oder mein Partner sich so dranstellt, werde ich ungeduldig. In Wirklichkeit bin ich ganz schön egoistisch und erwarte viel: ich möchte immerzu gestreichelt werden, und ich will, daß alle mich gernhaben. Oft bin ich aber unzufrieden mit mir und kann mich nicht damit abfinden, daß ich all diese Fehler habe. Dabei tue ich alles, was die anderen mir sagen, aber ich weiß selbst nicht, was für mich gut und was für mich schlecht ist. Mein Partner ist sowieso stärker und ich fühle mich ständig überfordert. Mir wird alles zuviel.

Das ist auch so im sexuellen Bereich; ich spüre einfach keine Lust, ich hab kein Verlangen, auch nicht zur Selbstbefriedigung, höchstens ganz selten (bzw. ich leide unter vorzeitigem Samenerguß).

Psychologisches Verständnis und Entstehung der Introjektion:
Der oben beschriebene Handlungsstil ist eher ein Reaktionsstil. Die Grenzen von »Du« und »Ich« sind ganz zugunsten des »Du« verschoben. Der Introjektive hat keinen Freiraum für sich, kann sich nicht wehren gegen jegliches Eindringen, gegen Übergriffe durch den Partner, alle Impulse kommen von außen. Dieser Mensch fühlt sich gezwungen, alles anzunehmen, ob Gutes oder Böses, ohne es seiner Art entsprechend verändern oder es zurückweisen zu können. Die von wichtigen Personen aus der Umgebung so übernommenen Ansichten, Werte, Anweisungen und Forderungen nennen wir »Introjekte«; ohne Aufarbeitung verbleiben sie als Fremdkörper im eigenen Selbst (vgl. Polster/Polster 1975). Gehorsam, Brav- und Schönsein, Ängstlichkeit, Gehemmtheit, Autoritätsabhängigkeit und Anpassung gehören zur Grundhaltung. Eigene Wünsche, Kritik oder gar Aggressionen sind verschüttet, werden gar nicht mehr oder nur schwach wahrgenommen. Es entsteht der Eindruck, daß der Kern der Persönlichkeit fehlt, eine Identität, ein Ich-Gefühl nicht da ist. Psychiater nennen das oftmals »substanzlos«, weshalb sie dann auch eine Psychotherapie für nutzlos halten.

In der menschlichen Entwicklung ist dieses Handlungsmuster das primäre, die Grundlebensform: das Baby nimmt vertrauensvoll und auch notwendigerweise in sich hinein, was es an Nahrung, Wärme und Behandlung angeboten bekommt. Besonders in ängstlicher und übervorsichtiger Umgebung verzichtet das Kind darauf, einen eigenen Willen zu entwickeln. Noch weniger gelingt das, wenn die Erziehungshaltung der Eltern überbeschützend, alles mit Liebe zudeckend ist, oder bei totaler Mangelsituation in der Umwelt (z. B. in Kriegs- oder Hungerszeiten, bei wirtschaftlichem Zusammenbruch und Arbeitslosigkeit) und bei rigoroser oder sublimer Unterdrückung. Das Letztere vor allem erklärt, daß hauptsächlich Frauen diesen introjektiven Stil als Handlungsmuster praktizieren, denn tatsächlich wurden Mädchen mehr auf Zurückhaltung, sexuelle Scham und Nachgiebigkeit hin erzogen.

Der Verzicht auf das eigene Ich wird zur Lebenshaltung, in der neurotischen Annahme, dadurch die eigene Existenz am ehesten erhalten zu können. So wird auch die Selbstaufgabe in der Ehe als die einzige Möglichkeit gesehen, den Partner nicht ganz zu verlieren, wobei jedoch das Gespür dafür fehlt, wie sehr der Unterwürfige gerade dadurch zur unerträglichen Last wird.

Diese Strategie bringt es auch mit sich, daß Depressionen dieses Leben begleiten, ganz tief gehen, und daß echte Selbstmordgefahr besteht, wenn trotz aller eigener Selbstaufopferung der Partner doch die Scheidung einreicht.

Therapeutische Auflösung:
Die Gestalttherapie bietet hier besonders gute Interventionsmöglichkeiten (Cöllen 1978), muß aber auch besonders früh und tief ansetzen. Für die Praxis bedeutet dies oft die Notwendigkeit, mit einfachsten Wahrnehmungsübungen zum Körpergefühl und der umgebenden Situation zu beginnen, immer wieder die Wahrnehmung und Auslösung von Gefühlsreaktionen durch Handlungen des Partners erlebbar zu machen und alle abgespaltenen oder längst begrabenen bzw. oftmals gar nicht erst entwickelten Triebe und Impulse überhaupt erst zu wecken. Der Therapeut

muß dabei oft als Modell fungieren, als Hilfs-Ich oder Ich-Stütze (vgl. Bellack/Small 1972) gegen den projektiven Partner. Eine zeitweilige Solidarisierung mit dem introjektiven Partner ist in der Paartherapie geradezu angezeigt, entsprechend auch die Konfrontation mit dem anderen Partner.

Weitere Interventionen sind: den »schwächeren« Partner Sätze bilden lassen, die mit »Ich möchte . . . – ich wünsche . . . – ich hoffe . . .« beginnen, ihm Wahlmöglichkeiten eröffnen, Alternativen finden lassen, Wahrnehmungsübungen von eigenen Energien, die in den verschütteten Bedürfnissen stecken; diese Energien (wie Aggression, Sex) in Handlungen umlenken, negativ bewerteten Egoismus als lebenswichtige Funktion umdeuten. Der Satz von F. Perls »Du hast die Macht in Deinen Händen, die Situation zu ändern« wird hier zum Leitfaden für die therapeutische Arbeit. Die Durchsetzung gegen den Partner, aber genauso gegen die außerfamiliäre Umwelt beginnt ganz klein, mit einem zarten: »Hallo, da bin ich!« Besonders starke Übertragungstendenzen wie Glorifizierung des Therapeuten müssen liebevollsorgfältig abgebaut werden. Im weiteren Verlauf der immer gemeinsam geführten Therapie mag es zu heftigen Streiten zwischen den Partnern kommen, die ruhig während der Sitzungen auch körperlich ausgetragen werden sollen, denn gerade im Körpergefühl liegt ein Defizit des Introjektiven.

2. Projektiver Partnerstil

Vorangestellt sei wiederum eine Selbstbeschreibung:

● Üblicherweise fühle ich mich stark und bin meiner selbst ganz sicher. Ich weiß genau, was ich will, und in der Regel kann ich das auch in die Tat umsetzen. Dabei helfen mir meine Energie und meine Entschlußkraft. Ich betreibe ziemlich viele Aktivitäten, vor allem im Beruf – da bin ich sehr erfolgreich, aber auch in meiner Freizeit und mit der Familie. Ich treibe viel Sport, und Hobbys habe ich auch verschiedene. Für mich ist die Welt in Ordnung, man muß es nur anpacken! Außerdem brauche ich immer ein bißchen Risiko, so als Nervenkitzel. Im allgemeinen bin ich recht gutmütig. Freilich, wenn mir was nicht paßt, kann ich schon mal mit der Faust auf den Tisch schlagen und ganz schön wütend werden. Aber nachtragend bin ich nicht, eher großzügig, drücke mal ein Auge zu und gebe gerne von dem, was ich habe. Außerdem kann ich gut von mir auf andere schließen und mich in sie hineinversetzen.

● Kritischer betrachtet wirke ich auf andere meist sehr durchsetzend. Sie werfen mir dann vor, dominant zu sein, besserwissend und rechthaberisch. Dabei verstehen sie nicht, daß es mir nur um die Sache geht, – meist habe ich auch recht. Vor allem bemerke ich leicht bei den andern, wenn sie ungerecht sind, Fehler machen oder schlecht mit mir umgehen. Das bringt dann mit sich, daß ich immer etwas zu kritisieren habe und eher anderen die Schuld gebe als mir. Ich selbst reagiere auf Kritik empfindlich, kann schwer etwas auf mir sitzen lassen, muß mich wehren.

Besonders in der Auseinandersetzung mit meinem Partner. Ich streite so lange, bis der andere irgendwann nachgibt. Oft finde ich das selbst nicht gut. Auch fällt es mir schwer, den ersten Versöhnungsschritt zu tun. Wenn etwas schiefgeht, überlasse ich gern dem Partner die Verantwortung und sehe nicht recht, warum ich mein Verhalten ändern soll. Und wenn mein Partner Probleme hat mit irgend etwas oder auch mit mir, ist das sein Bier, dann soll er eben in Therapie gehen – ich brauche keine. Schließlich habe ja nicht ich Wut und Haß, sondern der Partner will mich doch nur fertigmachen. Dann kann es schon mal vorkommen, daß ich in Rage gerate, auch mal zuschlage. Wenn mein Partner aber behauptet, daß er Angst vor mir hat, so ist das doch ziemlich übertrieben. Ich kann dieses Gejammere sowieso nicht mehr anhören. Am liebsten würde ich gleich zu Hause ausziehen und mich scheiden lassen. Aber ich kann es schlecht ertragen, verletzt und verlassen zu werden; ich kann dann auch nicht verzeihen und reagiere eher ganz hart, um den Partner möglichst noch mehr zu treffen.

Psychologisches Verständnis und Entstehung der Projektion:
Wer diesen Partnerstil praktiziert, hat irgendwann gelernt, daß das, was er zu bieten hat, nicht gut ist, abgelehnt oder gar bestraft wird. »Du darfst nicht . . . Du sollst nicht . . . das ist unmoralisch

... man tut das nicht« – das bekam er früher täglich vermittelt. Seine Reaktion noch heute: Wenn ich selbst nichts darf, dürfen andere auch nicht, also achte ich darauf, daß die Normen eingehalten werden, daß andere nichts Unrechtes tun, kritisiere diese und mache ihnen Vorwürfe wegen ihrer Handlungen.

In der menschlichen Lerngeschichte folgt diese Entwicklung zeitlich auf die Introjektion. Jetzt geht es nicht mehr um das Hineinnehmen, sondern um das Geben und Herausgeben, und das ist nicht entsprechend den eigenen Impulsen möglich, sondern nur unter bestimmten Regeln, auf deren Einhaltung streng zu achten ist. Auf dieser Erlebensbasis entwickelt sich ein Verhalten, das darin besteht, negative Gefühle wie Wut, Haß, Trauer, Zerstörungslust und Herrschsucht sowie sexuelles Verlangen u. ä. eher bei anderen festzustellen und dort zu verurteilen, von sich selbst aber weit wegzuweisen.

Beispiel:
Eine 30jährige Frau, die schon lange in teilweise stationärer psychiatrischer Behandlung war wegen diagnostizierter endogener Depression: Nach der zweiten Schwangerschaft äußerte sie starke Selbstmordabsichten und wurde nur deshalb in die Paartherapie geschickt, weil ihr Mann, ein Pastor, mit dieser Belastung nicht mehr zurechtkam. Die im weiteren Verlauf der Therapie sich anbahnende Erkenntnis, daß die Frau nur Symptomträger für ihn war, daß in Wirklichkeit er all seine Lebensängste, Elternhaß und Depressionen ihr zuschrieb und sie das alles als Introjekte in sich hineingenommen hatte, konnte von den Eheleuten kaum akzeptiert werden und bedeutete eine gefährliche Krise in der Therapie: beide wollten abbrechen. Bei ihr kam es zu starken depressiven Schüben, die er zum Anlaß heftiger Angriffe gegen mich nahm. Nachdem sie schließlich ihre Handlungsmuster jeder für sich doch akzeptieren konnten, kam es zu einem relativ raschen Ende der Therapie, da die verborgenen Manipulationsmechanismen nachließen und jeder zusehends die Verantwortung für seine Handlungen übernahm.

Auch dieser Partnerstil wird oft schon in der Kindheit erworben, besonders in engstirniger, vorurteilsbeladener, unkritisch-aggressiver Umgebung. Die Kinder müssen sich früh wehren und der Umgebung zum Trotz sich durchsetzen. Das geschieht häufig über Leistungs- und Machtstreben, über Rivalität und Streit. Das ist also ein Partnerstil, der besonders viel Auseinandersetzung mit sich bringt, es sei denn, der andere unterwirft sich gänzlich. Die eheliche Auseinandersetzung gleicht oft einem Vergeltungskrieg, der mit dem Aufrechnen gegenseitiger Fehler eingeleitet wird. Und der Kampf geht so lange, bis einer zusammenbricht.

Therapeutische Auflösung:
Allen therapeutischen Maßnahmen wird hier am ehesten Widerstand entgegengebracht, meist sehr vordergründig in Frage stellend, ablehnend bis aggressiv. Die Drohung, die Therapie abzubrechen (= sich vom Partner scheiden zu lassen), steht ständig im Raum, der Klient fühlt sich schnell angegriffen, verletzt, als Einzelkämpfer. In der Gruppe allerdings versucht er oft, die anderen Teilnehmer auf seine Seite zu ziehen, meist gegen den Therapeuten. Hier selbst mit Ärger, Abneigung oder Vorwürfen zu reagieren, hieße, in das offene Messer zu laufen. Das Zurücklenken der Probleme auf den Klienten, das »Auf-sich-selbst-Beziehen« wird wichtigste therapeutische Intervention. Der Klient lernt, von Du- auf Ich-Sätze umzusteigen; er beginnt, seine eigenen Gefühle zu sagen (z. B. ich liebe Dich nicht, ich hasse Dich, ich will Dich zerstören . . .) und erfährt so langsam, daß er negative Anteile in sich verdrängt. Er lernt, diese wahrzunehmen und zu akzeptieren. Die Verantwortung für die eigenen Bedürfnisse und Handlungen zu übernehmen, ist Lernziel. Übungen wie »aktives Zuhören« zeigen lange keinen Erfolg, sind aber dennoch wichtig. Selbstzentrierung, Meditation und nonverbale Partnerübungen ergänzen das Repertoire therapeutischer Intervention. Wichtig ist aber, gerade auch diesem Klienten das Gefühl von Akzeptierung und Zuneigung zu geben, daß er verstanden wird in seiner wahren Not, in der dahinterstehenden Angst vor Minderwertigkeit und Unsicherheit vor Liebesverlust. Zu seinen Tränen durchzustoßen, gelingt nur durch Güte und Liebe, nicht durch Kräftemessen. So muß der dazugehörige Partner vor allem lernen, kritische Situationen nicht noch hoch-

zuschaukeln, sondern verrauchen zu lassen, statt dessen aber positive Seiten zu verstärken. Es gilt, die überschüssige Streit-energie in kreative Partnergestaltung umzulenken (vgl. Bach/ Weyden 1975).

3. Retroflektiver Partnerstil

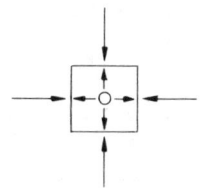

Die Selbstbeschreibung könnte lauten:

● Positiv an mir ist, daß ich überlegend und planend-sinnvoll handle, nie die Beherrschung verliere und meine Gefühle unter Kontrolle habe. Ich gelte als zuverlässiger und korrekter Mensch. Ich bin pünktlich, fleißig, schlage nicht über die Stränge und habe auch keine Laster, d. h. ich rauche und trinke nicht unmäßig, und selbst wenn ich mal betrunken bin, merkt mir das keiner an, und am nächsten Morgen weiß ich auch noch, was ich gesagt habe. Ich denke und überlege, bevor ich handle, daher mache ich auch selten große Fehler.
Auch in Beziehungen zu anderen Menschen bin ich sehr beständig – ich schließe nicht schnell Freundschaften und habe auch nicht viele, aber die wenigen sind dann wirklich echte Freunde, auch in der Not. Eigentlich bin ich ganz herzlich, nur trage ich meine Gefühle nicht offen zur Schau. Insgesamt bin ich aber wohl eher ein Verstandesmensch, der Sicherheit höher einschätzt als Abenteuer und kurzes Vergnügen. Dazu gehört auch, daß ich sehr zielstrebig und ehrgeizig bin.
● Verläuft meine Entwicklung aber kritisch, leide ich doch unter vielem. Am meisten macht mir dann – und auch meinem Partner – zu schaffen, daß ich so kühl und distanziert wirke, manchmal kalt. Dabei empfinde ich ganz anders. Obwohl ich soviel Bedürfnis nach Zärtlich-keit, Liebe und Romantik habe, und das auch geben möchte, traue ich mich nicht, das zu zeigen, aus Angst, daß andere mich deshalb ablehnen könnten. Auch wage ich es selten, Wut und Zorn zu zeigen und deutliche Kritik zu üben – oft erst, wenn ich sowieso am Platzen bin, also zu spät. Dann gibt es immer gleich Tränen und Scherben. Hinterher

tut mir das jedesmal leid. Ich habe zuviel Angst, etwas falsch zu machen, selbst wenn ich weiß, daß ich recht habe. Meine Kritik wirkt gleich zu hart und verletzend, macht den Betroffenen aggressiv und böse. Umgekehrt wirken meine Zärtlichkeiten und Versuche, den anderen zu verführen, meist zu unbeholfen und linkisch. Ja, ich bin einfach zu plump. So leide ich oft unter Schuldgefühlen, schlucke zuviel Ärger runter. Oft komme ich mir dann wie gelähmt vor – ich spüre zwar, daß ich will, aber statt dessen hocke ich unbeweglich da. Das alles schlägt sich ganz nieder in meinem körperlichen Befinden: manchmal habe ich das Gefühl, nicht mehr richtig zu hören oder zu sehen, oder ich kann mich überhaupt nicht konzentrieren; oft spüre ich mich selbst nicht mehr, bin einfach ganz leer.

Das gilt besonders auch im sexuellen Bereich. Oft krieg ich nicht das, was ich will, oder mein Partner findet nicht meinen Rhythmus oder ist eben viel zu schnell fertig, weil ich so lange brauche bis zum Höhepunkt. Ich kann mich ganz schlecht fallenlassen und verkrampfe mich leicht. Deshalb reagiere ich oft mit sexuellen Störungen wie Anorgasmie oder Scheidenkrampf bzw. mit Impotenz und Unfruchtbarkeit. Selbstbefriedigung ist für mich da viel einfacher, aber ich bin damit nicht zufrieden, weil ich den Sex lieber zu zweit erleben will. Aber der Partner kann gar nicht erkennen, was in mir abläuft.

Psychologisches Verständnis und Entstehung der Retroflektion:
Sie ist gekennzeichnet durch eine Null-Bewegung, durch Ergebnislosigkeit, durch eine den Betroffenen ungewollt anhaftende Starre. Dies ist so zu erklären, daß zwar starke Gefühls- und Handlungsimpulse da sind, oft sogar sehr heftige Wünsche, z. B. nach Zärtlichkeit; die Hemmung aber, sie in die Tat umzusetzen, ist noch größer. Die Angst, sich fallenzulassen, basiert auf dem Hintergrund von Erfahrung, daß die dabei zu Tage kommenden Gefühlsausbrüche doch nur Schaden anrichten. Die diagnostische Einschätzung dieses Handlungsmusters ist besonders schwierig – genauso wie das Verstehen für den Partner, weil der innerlich heftig tobende Gefühlsturm nicht nach außen sichtbar wird. Das ängstliche Bedürfnis nach Selbstkontrolle geht sogar so weit, daß selbst der Körper sich verkrampft, die Muskeln hart und die Mimik starr werden im Bemühen, sich ja keine Blöße zu geben. In der menschlichen Entwicklung entsteht dieses Hand-

lungsmuster meist infolge eines sehr strengen autoritären Erziehungsstiles. Die häusliche Atmosphäre oder auch die Beziehung zwischen den Partnern wirkt kühl. Genügsamkeit bis zur Selbstversagung kleiner Freuden gelten als erstrebenswert. Besonders in Häusern mit sehr religiöser Grundhaltung und Frömmelei kommt es zu einer solchen Haltung. Die eigenen Triebe und Impulse, die alle der vitalen Lebensfreude dienen, werden als böse betrachtet. Prüderie und Verklemmung lassen den Menschen erstarren. Das Kind erfährt lediglich, daß es gegen all diese Institutionen – Eltern, Schule, Kirche – keine Macht hat, daß es sogar für alle Gefühlsausbrüche von Zorn und Wut oder Sehnsucht bestraft wird. Versucht es aber dennoch, sich einmal durchzusetzen, seine Gefühle dem Vater gegenüber zu realisieren oder sich sein vermeintliches Recht zu holen, fällt die Strafe nur um so härter aus. Der gegen die Autorität gerichtete Zorn fällt auf das Kind zurück.

Aber dies ist der Handlungsstil, den wir fast täglich praktizieren: wer darf schon seinem Chef die Meinung sagen, ohne dafür zu büßen? Welcher Patient darf schon einen Arzt in seiner Praxis kritisieren, welcher Bischof läßt sich in Frage stellen, welcher Lehrer zeigt seine Angst, und wie streng wird selbst unter Intellektuellen sexuelle Neugier tabuisiert? Zahllose Verbotsschilder lehren uns ständig, unsere Impulse zurückzunehmen. Die Angst, allein zu sein aufgrund individueller Eigenart, wird in der Massengesellschaft gezüchtet. Nicht einmal zum Davonlaufen reicht mehr der Mut, denn dann versagen die Beine oder die Existenzgrundlage geht verloren. So wird eine freudlose Partnerschaft oft jahrelang aufrecht erhalten.

Therapeutische Auflösung:
Die Schwierigkeit therapeutischer Arbeit liegt hier in einer Kette von Rationalisierungen. Schuldgefühle, Selbstmitleid, endlose Grübeleien und Selbstbestrafung bestimmen die Sitzungen, eruptive Ausbrüche wechseln mit rigider Starre, im Alltag nimmt der Klient oft zwanghafte Züge an. Die therapeutische Arbeit beginnt mühsam mit kleinsten Schritten, oft leichter durch Übungen zur

Körperlockerung. Aber die ersten Schritte in dieser Richtung führen meist zu echten Schmerzgefühlen oder angstauslösenden Körperempfindungen, da durch die bisherige Starre alle Wahrnehmungen ausgeschaltet waren. Bevor das neue Leben als Freude gefühlt werden kann, muß erst der Knoten von Schmerzen und Verzicht durchgearbeitet werden. Dazu müssen stärkste Selbstkontrollhaltungen aufgelöst werden. Das geschieht oft wie in einer Explosion ruckartig befreiter Energien, läßt den Klienten allzu häufig ins andere Extrem verfallen, damit er dann wieder zum Therapeuten sagen kann: »Jetzt habe ich mich doch verbrannt, mehr Schaden angerichtet als Gutes getan, also nehme ich lieber meine alte Starre wieder an.« Die Therapie kann von daher sehr wechselhaft verlaufen, es besteht echte Abbruchgefahr, auch echte Selbstmordgefahr. Das Erleben der eigenen, bislang mühsam gebändigten Gefühlsstürme mutet den Klienten oft wie eine Revolution an. Daher ist es ratsam, scheibchenweise zu arbeiten. Allerdings: der Kampf sollte im eigenen Innern beginnen – nicht gleich mit dem Partner oder der Umwelt.

Die Kontaktaufnahme nach außen sollte der zweite Schritt sein. Außerdem reagiert die Umwelt meist noch verschreckter auf solche Veränderungen und will sie gar nicht zulassen. Der Partner ist also in jedem Fall in diesen Prozeß miteinzubeziehen, die Vorgänge müssen ihm erläutert werden, er muß die Gefühlsentfaltung direkt miterleben. Dies ist deshalb von zentraler Bedeutung, weil beide es gar nicht gewohnt sind und keine Stile kennen, mit diesen »neuen« Gefühlen umzugehen.

4. Konfluenter Partnerstil

• Ich habe normalerweise gern, wenn um mich herum was los ist, bin gern fröhlich und lache viel. Ich denke nicht lange nach und grüble nicht, mache einfach mit und tobe mich oft aus. Ich kenne jede Menge

Leute, habe viele Bekannte und gute Freunde. Trotzdem bin ich sehr anhänglich und meinem Partner treu. Ich trenne nicht zwischen Dein und Mein, bin überall dabei und betreibe neben Beruf und Familie noch viele andere Dinge. Andere nennen mich manchmal »Hans-Dampf«. Dabei bin ich ganz gutmütig, kann niemand etwas abschlagen und geb' mein letztes Hemd her, wenn es einer nötiger hat als ich.

Zu Hause lasse ich alle Türen offen stehen, ganz so ordentlich sieht es nicht aus, aber ich brauche keine Ordnung, ich finde trotzdem alles. Ich nehme es halt nicht so genau, ob die Kinder z. B. mal eine halbe Stunde später ins Bett gehen oder noch was im Fernsehen gucken, Hauptsache, es macht Spaß.

● Manchmal werde ich aber auch plötzlich und ohne Grund ganz traurig. Ich fühle mich dann niedergeschlagen und schlapp, oft bin ich richtig launisch. Was immer der Partner dann tut oder versucht, nichts ist mir recht. Dann lasse ich mich auch total gehen. Ich suche im Grunde immer nach einem Partner, der so ideal ist, daß es ihn gar nicht gibt: ich möchte mich ihm gänzlich anvertrauen können, ganz geborgen sein und am liebsten völlig verschmelzen und einssein, am besten gar nicht mehr aus dem Bett aufstehen. Ich habe eine unstillbare Sehnsucht nach Zärtlichkeit und Liebe und bin schrecklich romantisch. Aber oft falle ich meinem Partner damit zur Last, er fühlt sich durch meine Anhänglichkeit zu eingeengt oder zu kontrolliert. Dabei will ich das gar nicht, ich interessiere mich eben für alles, was er macht. Überhaupt hätte ich am liebsten, daß wir alles, alles zusammen machen, auch von der Arbeit aus uns jeden Tag noch anrufen. Ich mag es auch nicht, wenn der Partner allein ausgehen will oder andere Freunde und Bekannte hat als ich. Ich bin dann schrecklich eifersüchtig. Ich muß deshalb hinterherspionieren und immer aufpassen, ob ich nicht doch etwas als Beweis dafür finde. Ich kann dann einfach einen Streit vom Zaun brechen, rumschreien oder weinen, so daß mein Partner mich hysterisch nennt. Andererseits brauche ich ganz viel Zeit für mich selbst, kann mich stundenlang im Bad aufhalten, mich pflegen und vor dem Spiegel stehen. Ich ziehe gern schöne Sachen an und genieße es, wenn andere mich bewundern. Ich bin gern Mittelpunkt und mache manchmal auch etwas auf Schau. Das macht meinen Partner dann eifersüchtig.

Zu Hause finde ich es aber oft etwas langweilig, das ist auch so im sexuellen Bereich: mit meinem Partner klappt es nicht richtig, da spüre ich einfach keine Lust und keine Erregung, während es mit anderen ganz toll ist. Aber selbst dann, wenn es gut geht, träume ich oft von anderen

Partnern oder stelle mir in der Phantasie alle möglichen sexuellen Begegnungen vor. Ich kann auch nichts dafür, aber mein Partner erscheint mir einfach lahmer, weniger attraktiv als andere und oft nicht so erfolgreich. Und beruflich ist er mir entweder zu ehrgeizig und hart oder er versagt und ist zu weich. Das heißt nicht, daß ich es besser kann, aber mir kann man es schwer recht machen.

• Bei ganz schlimmer Entwicklung laufe ich Gefahr, süchtig zu werden oder bin es schon. Ich kann mich einfach nicht abgrenzen und beschränken oder zur Mäßigung zwingen. Das kann schon beim Essen sein bis zur Freßsucht, aber auch mit Alkohol oder Tabletten. Aber ich kann mich auch gegen meinen Partner nicht wehren, bin ihm ganz ausgeliefert, bis zur Hörigkeit.

Meine Impulse laufen kreuz und quer, ich kann mir dadurch schlecht etwas vornehmen und ich springe von einem Ziel zum anderen.

Psychologisches Verständnis und Entstehung der Konfluenz:
»Die Konfluenz ist ein Abkommen zwischen zwei Menschen, die sich darauf geeinigt haben, sich nicht zu streiten«, schreiben E. und M. Polster (1975). Im Zusammenhang mit den Partnerstilen spielt sie eine besondere große Rolle, da sie den angestrebten Idealzustand eines jeden jungverliebten Paares bildet. Totales Verschmelzen von Seele und Körper beider Partner, die Realität selbst außer Kraft setzendes Ineinanderversinken lassen die Möglichkeit oder gar Notwendigkeit streitbarer Auseinandersetzung und Ich-Abgrenzung in weite Ferne rücken.

Meist wird diese Ganz-Übereinstimmung nicht einmal im Detail durchgesprochen, statt dessen einfach vorausgesetzt. So sehr diese Sehnsucht nach Einssein in der Zweisamkeit nach Erfüllung strebt, so kompliziert ist das Leben mit ihr. Diese Verschmelzungswünsche beinhalten andererseits nämlich Symbiose, Abhängigkeit voneinander und gänzlichen Verzicht auf Ich-Abgrenzung. Das aber hält kein Mensch lange aus. Schon das ständige Streben nach Harmonie, Ruhe und Frieden in der Familie führt zu Überforderung, das Festklammern an der »heilen Welt« führt gerade zu ihrer Zerstörung. Denn bei einem solchen Paar verursachen schon kleine Abweichungen von der später oft nur noch aus Trägheit angestrebten Konfluenz Ängste.

Gehen die Meinungen nämlich auseinander, entstehen Schuldgefühle oder Groll, daß der so schöne Frieden gebrochen wird. Gegenseitige Vorwürfe, die Abmachungen zu verletzen, erzeugen neue Verletzung, neuen Ärger, die Spirale beginnt. Individuell zeichnet sich solches Verhalten dadurch aus, daß der konfluent Handelnde zu wenig Kontakt mit sich selbst hat, zu wenig eigene Identität: Lebensfreude und Lust am Handeln wird nicht aus der eigenen Person empfunden, die Hauptquelle fürs Leben ist vielmehr der Partner. Für solche Partner bedeutet das Auseinanderbrechen einer Ehe oft eine wahre Katastrophe. Die Umlenkung von der Partnerfixierung auf die Selbstfindung muß daher sehr früh und zwingend einsetzen. Dann verläuft sie in der Regel auch erfolgreich, weil die Tendenz zur Konfluenz es gerade ermöglicht, sich schnell auf Neues einzulassen. Konfluentes Verhalten entsteht hauptsächlich in einer Umgebung, die durch Inkonsequenz, Doppeldeutigkeit (double-bind), aber auch durch Mangel an Abgrenzung und Anforderung gekennzeichnet ist.

Therapeutische Auflösung:

Die Gegenmittel zur Konfluenz sind Kontakt, Differenzierung und Artikulation. Der Betreffende muß Entscheidungen, Bedürfnisse und Gefühle erfahren, die seine eigenen sind und nicht mit denen anderer Menschen unbedingt übereinstimmen müssen. Er muß lernen, daß er dem Entsetzen, von diesen Menschen getrennt zu sein, ins Auge sehen kann und trotzdem am Leben bleibt. Fragen wie »Wie fühlst Du dich jetzt?«, »Was willst Du jetzt?«, »Was machst Du jetzt?«, können ihm helfen, sich auf seine eigene Richtung zu konzentrieren. (Polster/Polster 1975)

Bei solchen Klienten ist es nach einer therapeutischen Arbeit sehr wichtig, daß ihrem Bedürfnis nach Rückmeldung und Rückversicherung bei anderen zunächst nur begrenzt nachgegeben wird und erst dann, wenn der Betreffende seine Einschätzung von sich selbst, sein eigenes Feedback, abgegeben hat. Übungen, in denen er seine Liebe oder Abneigung ausdrückt und seine Einstellung laut äußert, sind ähnlich wie beim retroflektiven Stil

Zeichen fortgeschrittener Arbeit. Die Partner sollen lernen, nicht miteinander zu handeln, sondern sich eigene Ziele zu setzen, sich frei zu bewegen, sich unabhängig zu machen von der dauernden Bestätigung durch den anderen oder dem ewigen Sich-verantwortlich-fühlen, wie es in Alkoholiker-Ehen oft üblich ist.

Das Zusammenwirken der Partnerstile

Den vier Stilen ist gemeinsam, daß sie eine Fülle von beziehungsfördernden bis beziehungsgefährdenden Elementen enthalten. Unter ihren positiven Aspekten betrachtet, ergeben erst alle zusammen in einer Person ein optimales Partnerverhalten. Allerdings lassen die vier Stile sich nicht scharf gegeneinander abtrennen, als Leser werden Sie sich wahrscheinlich hier und dort mehr oder weniger wiedererkennen – jeder von uns zeichnet sich aber dadurch aus, daß er diese Stile in einem ganz persönlichen Mischungsverhältnis dem Partner gegenüber gebraucht, aber auch im Umgang mit Freunden, Kollegen und Fremden. Es ist dieses Mischungsverhältnis, an dem wir von anderen erkannt, weswegen wir – abgesehen von körperlichen Merkmalen – letzten Endes geliebt oder abgelehnt werden, oder wodurch wir andere liebenswert oder eben unsympathisch finden, z. B. wenn wir sagen: »Der ist aber dominant« oder »die ist ja temperamentvoll überschäumend« oder »das ist ein steifer, lahmer Mensch«. Und die meisten Veränderungswünsche in der Therapie beinhalten solche Anforderungen, meist an den Partner gerichtet: »Ich weiß überhaupt nicht, was in Dir vorgeht, Du bist wie eine Mauer – nie redest Du mit mir offen« – oder »Ich will, daß Du auch mal die Initiative ergreifst, daß Du auch mal aktiv wirst.«

Beispiel Partnerwahl

Tatsächlich werden die Partnerstile schon im Moment des Kennenlernens, also bei der Partnerwahl, wirksam. Über körperliche

Attraktivität hinaus geben sie meist den Ausschlag für den Entschluß zur Paarbildung.

B. Schelling (1982) hat zu diesem Thema Paare befragt, die Antworten spiegeln die Partnerstile:

Sie:
Als erstes hat er mir vom Aussehen gefallen, aber wesentlich wurde seine Beständigkeit, mich verlassen zu können, daß er immer da war. Er ist bodenständig. Er plant. Ich bin spontaner. Für ihn ist es entsetzlich, Schulden zu machen. Er ist ruhiger, eigenbrödlerisch. Ich brauche Menschen.

Er:
Wir haben uns nicht gleichzeitig gewählt, der Anstoß kam von ihr... Sie war immer verzeihend, nicht böse, nicht nachtragend. Das Leichtlebige gefiel mir sehr. Sie ist großzügig...

Auf das Thema Partnerwahl gehe ich hier besonders ein, da es oft nach langen Jahren, in der Ehekrise eine fatale Rolle spielt. Die bohrende Frage taucht dann auf, ob man nicht doch den falschen Partner gewählt habe. Die ehemals geliebten Stile des anderen scheinen unerträglich ins Gegenteil verkehrt: Entschiedenheit wird so zur Sturheit, süße Schüchternheit zur sexuellen Passivität, Beständigkeit zur Langeweile.

Aus der Sicht der Psychoanalyse läßt sich daraus die These ableiten, daß jede Partnerwahl von vornherein neurotisch ist, d. h. seelisch krankhaft. Die Partnerwahl dient demnach dazu, eigene Defizite auszugleichen, Kindheitsbedürfnisse nachzuholen. Durch die Erstarrung in dieser Art von Bedürfnisbefriedigung, die auf Dauer auch immer gegenseitige Überforderung der Partner darstellt, kommt es dann zum Bruch.

Dagegen vertrete ich die These, daß Partnerwahl im wesentlichen der gemeinsamen Entfaltung und gegenseitigen Förderung dient, also in der Regel ein urgesundes Streben nach Weiterentwicklung darstellt, in Abhängigkeit von der eigenen Reifungsphase.

Der Soziologe Hans W. Jürgens (1973) hat herausgefunden, daß die meisten Paare sich nach dem Prinzip »gleich und gleich gesellt sich gern« zusammenschließen. In der Häufigkeit folgt statistisch gesehen, das Prinzip »Gegensätze ziehen sich an«. Dies besagt, auf die Partnerstile angewendet, daß solche sich bewußt als Partner wählen, die sich einander ähnlich fühlen in ihrem Umgangsstil, in ihrer Einstellung zur Welt, in ihren Interessen. Dies ist eine durchaus einleuchtende Wahl, denn sie schließt oft die Ähnlichkeit im Problemlösungsverhalten und in den Konfliktstrategien der Partner ein; dadurch sind die Handlungsweisen des anderen vertraut, geben das Gefühl von Sicherheit und Geborgenheit und die Chance zum ungestörten Wachsen.

Schwierig und eben nicht immer erfolgreich wird das Unterfangen dadurch, daß jede Partnerwahl in starker Abhängigkeit von der eigenen Entwicklungsstufe geschieht. Es wird immer der Partner gewählt, der für diese Phase der Entwicklung gut ist – nicht im Blick darauf, was in zehn Jahren gut wäre. Nach meiner Auffassung kommt es deshalb zur Krise und schließlich zum Bruch, weil die Einstellung auf die jeweilige Bedürfnislage der verschiedenen Reifungsstufen mißlingt.

Letzten Endes geht es also nicht um die Frage, ob der Partner falsch oder richtig ist, sondern um die Fähigkeiten, zu wachsen, sich zu verändern, zu reifen. Dies gelingt allerdings nur, wenn keine seelische Störung vorliegt. So schließe auch ich nicht aus, daß eine Ehe auch an der Neurose eines oder beider Partner scheitern kann, weil diese dann eben die stufenweise Weiterentfaltung behindert.

Beispiel Emanzipation

Noch klarer kann hier gezeigt werden, wie in einer Beziehung die Weiterentwicklung des einen die entsprechende Veränderung des anderen erfordert, und wie die Partnerstile zum Austragungsort des Konfliktes werden.

Mit dem inneren Wandel, den die Emanzipationsbewegung in vielen Frauen ausgelöst hat, geht nun allerdings auch die Veränderung des Partnerstils einher, der sonst eher für die Frauen üblich war, der Introjektion. Bisher waren ja sie es, die sich anpaßten, keine eigene Meinung hatten und eher auf die Durchsetzung ihrer Wünsche verzichteten. Die Emanzipation bringt ein neues Frauenbild mit verändertem Partnerstil: selbstbewußt werden fehlerhaftes Verhalten am anderen kritisiert, eigene Forderungen durchgesetzt, die Schuld für Konflikte nicht mehr nur bei sich selbst gesucht. Gerade im Bereich der Sexualität wird das besonders deutlich: Die Frauen befreien sich vom ihnen aufgedrängten Joch der »Frigidität«, fordern aktiv ihre Lusterfüllung ein, fühlen sich selbst auch nicht mehr als sexuelle Versager und »unnormal«. Häufige Folge: der Mann zieht sich sexuell zurück, verweigert sich, wird »impotent« durch die Vorwürfe und Anklagen der Frau. Sie hat ihren bisher introjektiven Partnerstil zum projektiven verändert.

Beispiel Partnerkrise

Die Partnerstile, Austragungsort der Krise, werden auch zum Ansatzpunkt in der Therapie. In welche Richtung müßte der Mann sich nun ändern? Wie kann die Frau ihren Entwicklungsprozeß konstruktiv einbringen?
In der Krise wird das Ineinandergreifen der Stile besonders deutlich. Gehen wir davon aus, daß der Mann vorher »den Ton angegeben« hat, so stellt sich die oben beschriebene Entwicklung im Modell so dar:

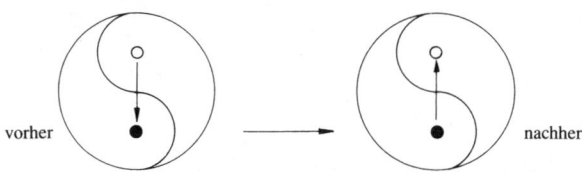

Der Mann befindet sich auf dem Rückzug, kann der »aktiven« Frau nicht Widerstand leisten, geht mit seinen Kräften höchstens »aus dem Feld«, die vorher »kleine« Frau wird für ihn zu stark. Sie haben die Rollen getauscht.

Rollenveränderung an sich wäre ja gar nicht schlecht gewesen, aber der komplette Rollentausch bedeutet nur geänderte Vorzeichen, nämlich Dominanz der Frau und Unterordnung des Mannes – ein sinnloser Sieg für ein Paar mit der Aussicht auf neue Krisen.

Die Verlaufsschilderung eines Beratungsfalles soll helfen, den Gesamtprozeß einer Paarentwicklung an Hand der Veränderung von Partnerstilen deutlich zu machen:

Beispiel:

Gela, 36, eine attraktive Frau mit knabenhafter Figur, hochgewachsen, nach 4jähriger Ehe mit 27 geschieden, ist jetzt seit 9 Jahren verheiratet mit

Werner, 32, gutaussehend, gleich groß wie Gela, sie ist seine erste so lang dauernde Beziehung.

Beide wirken gepflegt, sehr sympathisch und jugendlich. Sie arbeitet gelegentlich freiberuflich, versorgt hauptsächlich die beiden Kinder (8 und 9 J.) – er arbeitet hauptberuflich.

Sie hatten einzeln schon an Gruppenseminaren oder Gruppentherapie teilgenommen, jetzt sind sie das erste Mal gemeinsam erschienen, und zwar in einem auf vier Tage befristeten Seminar für Paar- und Sexualtherapie. Schon die erste Runde zur Problemvorstellung führt sie tief in die therapeutische Arbeit, obwohl er bei der vorausgehenden Entspannung laut schnarchend geschlafen hatte:

Sie	**Er**
	Ich bin müde, es hat doch keinen Sinn, wir drehen uns im Kreis – ich wollte zwar mitkommen, aber jetzt zweifle ich schon wieder dran.
Ich krieg Dich nie zu fassen, – Du bist wie eine Wand aus Schaumgummi. Du sollst mir mal Widerstand leisten, nicht so weich und	

schleimig sein (drückt mit der rechten Hand vor sich in die Luft). Ich will Dich mal spüren.

Du überforderst mich, immer soll ich da sein für Dich, für alles tun und sorgen . . . die Kinder hüten. Du bist wie sie, immer soll ich Dir was Süßes geben, Dich in den Arm nehmen, Dich trösten. Ich will das nicht mehr. (Wirkt dabei abgespannt und klein.)

Oh, hör doch auf, so stimmt das gar nicht, Du bist doch kein Mann, Du hängst Dich doch nur an mich, aber auf so was kann ich auch verzichten.

Was willst Du denn noch? Du hast doch alles: Du hast Dein Studium gemacht, Deinen Beruf angefangen, bist ständig mit Freunden unterwegs, hast überhaupt Deinen Freund . . .

Du hast doch selbst Deine Sonja. Allen anderen hilfst Du, da spielst Du den Starken, aber was habe ich davon?

Er macht eine finstere Miene und versinkt in Trotz und schweigt.

Therapeut: Hat es Dich gestört, daß er vorhin eingeschlafen ist?

Gela zu Werner: Jetzt machst Du
wieder zu, ziehst Dich einfach zurück, schläfst ein – dauernd, seit
Jahren machst Du das!

> Er senkt den Kopf und die Schul-
> tern.

> *Therapeut:* Was geschieht jetzt bei
> Dir – kennst Du solche Situationen?

Sie beginnt zu weinen und erzählt unter Schluchzen von einer Griechen-
landreise mit Werner. Mit 2 anderen Paaren hatten sie sich verlaufen
und mußten durch Dornen hindurch einen Berg runterklettern. Werner
war dabei rührend um eine kleine, weinende Frau bemüht, während
Gela blutete und kaum noch weiter konnte, dies aber nicht zu erkennen
gab.

Sie zu Werner: Ich wollte, daß Du
mir die Hand gibst, daß Du siehst,
daß ich auch schwach bin, ich . . .
möchte einmal klein sein bei dir –

> Er hebt den Kopf, seine Augen
> glänzen.

aber immer rennst Du weg,
weichst mir aus.

Nach Vertiefung dieser Schlüsselszene und ihrem Wunsch, Kind sein zu
dürfen:

> *Therapeut:* Dann geh mal als dieses
> Kind zu ihm hin.

Gela erhebt sich nach langem Zögern, unter trotzigem Schluchzen,
windet sich, geht dann quer durch die Gruppe zu Werner und läßt sich in
seinen Schoß fallen.

> Er weint jetzt auch, aber sichtlich
> stolz, und streichelt sie.

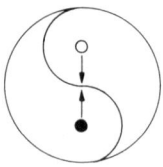

Die Szene bleibt so unbesprochen stehen, die anderen arbeiten weiter, während die beiden friedlich zusammenliegen.

Am nächsten Morgen hat er wieder eine finstere Miene, sitzt ganz an der Wand und schweigt zwei Stunden, während sie sicher und lebendig in der Gruppe mitmacht.

Dann Therapeut: Werner, was ist mit Dir los?

Werner, ganz trotzig, schließlich zögernd: Ich will nicht anfangen, von uns zu sprechen, immer soll ich was tun – sie lockt mich damit nur in eine Falle, sie hat dann immer das letzte Wort.

Gela: Jetzt reicht es mir aber mit Deiner Jammerei (sie wird ganz laut und zornig). Hau doch ab oder mach, was Du willst – mir ist das jetzt egal. Ich kann mit Dir sowieso nichts anfangen.

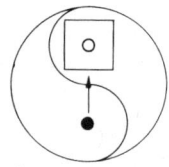

Werner zum Therapeuten: Siehst Du, ich habe Recht, wenn ich nicht anfangen will, ich krieg nur eine drauf – ich will nichts mehr sagen.

Ja, ja verkriech Dich nur!

Therapeut: Ich sehe, wie hilflos Du jetzt bist – erinnert Dich das an Ähnliches?

Ich will nicht!

Therapeut: Es geht um *Deine* Partnerschaft!

Nach einigem Zögern erzählt Werner von seiner schrecklichen Beziehung zu seiner Mutter, die ihn ganz dezent völlig für sich beansprucht hat. Er konnte sich nur durch passive Versagung wehren. Dann plötzlich bricht blinder Haß aus ihm heraus, im Rollenspiel schreit er die Mutter an und setzt sich verbal durch, erzählt dann von seinen Impotenzreaktionen und sexuellem Versagen.

(Während der Rückmeldung wird
Gela wütend:)
So machst Du es mit mir auch,
immer versagst Du Dich mir –
siehst mich nicht als Frau, kannst
oder willst nicht mit mir schlafen
und gehst zu anderen Frauen.
Mein Vater wollte mich auch nur
als Junge!

Er wird wütend.

Ich bin doch schön, ich mag mich,
aber bei Dir muß ich betteln und
nie kannst Du mich befriedigen –

Es folgt vertiefte Einzelarbeit mit ihr, ihre eigene Wirklichkeit anzunehmen und schließlich:

Sie geht wütend auf ihn los. Er wehrt sich anfänglich nur zögernd, bis er schließlich richtig kämpft mit ihr. Nach dem ersten Haß kommt es zu einem tollen Kräftemessen, wobei die beiden sich schließlich mehr umarmen als bekämpfen. Er küßt sie, woraufhin sie sich bei ihm weinend und lachend anlehnt. Sie hat zum ersten Mal mit ihm so gekämpft und so Kontakt gehabt, er durfte seine Kraft (Potenz) zeigen.

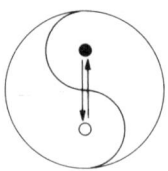

Abschließende Betrachtung:
Das Mitwirken des Therapeuten ist hier nur nebensächlich – beide waren ja schon auf dem Weg der Entfaltung: Sie hatte sich

aus ihrem kindlich-knabenhaften Erleben zur schönen Frau entwickelt, er hatte seine Potenzängste wenigstens schon anderen Frauen gegenüber abgelegt. Das Schlußbild hier zeigt, daß beide zu ihrer Stärke finden und in der eigenen Identität sicher sind, sie brauchen sich nicht mehr gegenseitig zu bekämpfen, sondern können anfangen, gemeinsam um ein Ziel zu ringen.

Das Ineinander- und Zusammenwirken der Partnerstile wird – trotz stark geraffter Darstellung – deutlicher:

Sobald ein Partner sich auf einen Stil festlegt, zwingt er in der Regel den anderen dazu, z. B. auf Angriff entweder mit Flucht oder Gegenangriff zu reagieren. Ist der eine jedoch ganz in sich verschlossen, kann der andere nur dagegen anrennen oder resignieren, also auch nach hinten weggehen.

Einige Modelle:

Schema: »schwache« Frau, »starker« Mann

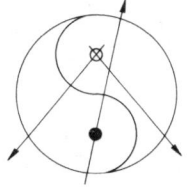

Schema: Chaos – *oder:* Wer hat Angst vor Virginia Woolf?

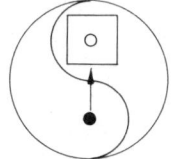

Schema: gefühlvolle Frau, starrer Mann – *oder:* Der Mann hat die Frau doch gar nicht verdient.

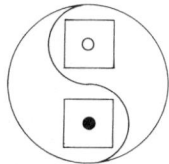

Schema: tote, langweilige Ehe.

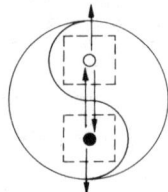 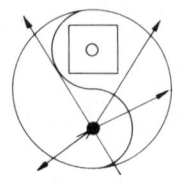

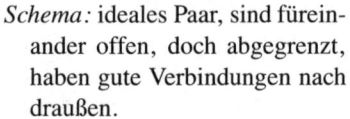

Schema: ideales Paar, sind füreinander offen, doch abgegrenzt,
haben gute Verbindungen nach
draußen.

Schema: Sie sagt »Ich werde noch
wahnsinnig mit Dir«.

Die Beispiele zeigen, daß es eine Menge von Kombinationsmög-
lichkeiten gibt, daß Partner sich nicht immer neurotisch einen
ganz bestimmten Typus suchen, sondern, daß die verschieden-
sten Varianten mehr oder weniger häufig vorkommen. Jede
Stiländerung bewirkt beim anderen ebenfalls eine Veränderung,
jede Einseitigkeit zieht Entsprechendes nach sich, jede Überbetonung eines Stils provoziert auf Dauer den anderen.
Die therapeutische Arbeit, die nun beschrieben wird, muß also
immer zum Ziel haben, Gleichgewicht herzustellen. Und es zeigt
sich dabei, daß immer beide Partner für die Konfliktlösung
verantwortlich sind.

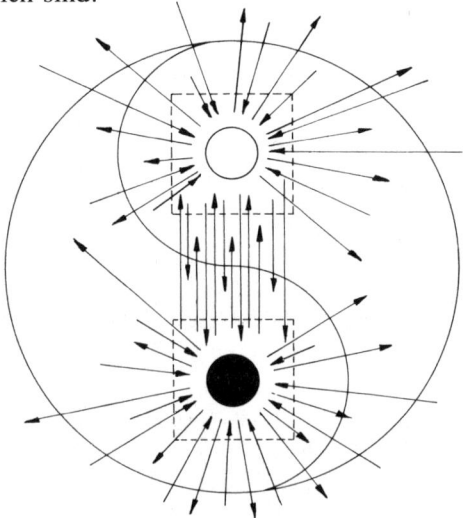

4 Gestalttherapeutische Paartherapie

Schön und faszinierend wird diese Arbeit dadurch für mich, daß sie in der Regel ungeheuer lebendig verläuft, sowohl für das Paar als auch für den Therapeuten zu einer menschlichen Herausforderung wird und Partnerschaft mit all ihren Licht- und Schattenseiten von tiefem Haß bis hin zu klarer Freude aufzeigt. Das Paar erlebt sich bald in einem intensiven Prozeß, der sowohl die körperliche und emotionale als auch die verstandesmäßige Ebene einschließt. Der Therapeut ist dabei nicht auf eine Rolle festgelegt, sondern mit all seinen Seiten angesprochen. Sicher bleiben dabei Schmerz, Trauer und Verzweiflung nicht aus, aber das für die Humanistische Psychologie gültige Prinzip, daß jeder in sich die Kraft zur gesunden Selbstregulierung und zur sinnvollen Veränderung seiner Situation trägt, wird auch hier als grundlegender Optimismus wirksam.

Die Partnerschaft soll dabei nicht um jeden Preis erhalten werden; wenngleich die Idee, daß sie auf Fortsetzung angelegt ist, das tragende Element bildet.

Für mich sind es vor allem die gedrängte Lebensfülle und der große Reichtum an Gefühlen, die unbändigen Energien der Liebe, die mich so faszinieren. Oft findet das Paar durch Schmerzen hindurch zu Schönheit und Schöpfungsdrang, die mich tief berühren.

Und seltsam: es gibt dabei eine innere Logik des Ablaufs in diesem »Liebes-Prozeß«, die ich früher nur bei sachlichen Vorgängen vermutet hätte. Ein klar erkennbarer »roter Faden« zieht sich durch die ganze Entwicklung in der Therapie, der hier beschrieben werden soll.

Das Vier-Phasen-Modell der Gestalt-Therapie (Tetradisches Modell)

Die Gestalt-Paartherapie schließt in ihrem Vorgehen ein:
a) das Identitätsgefüge der Paare,
b) Grundlagen, Inhalte, Form und Ziele von Partnerschaft,
c) die Konflikthaftigkeit der Partnerschaft durch Umwelt, Phasendynamik und persönliche Verantwortung,
d) das Partnermodell von yin und yang,
e) das Polaritäts- und Bewegungsprinzip,
f) das Zusammenwirken der Partnerstile.

Das therapeutische Vorgehen gliedert sich in vier Abschnitte: Einstieg, Aktion, Integration, Neuorientierung. Die notwendige Verknüpfung von Selbstfindung und Partnerbindung läßt sich mit Hilfe dieses vierstufigen Therapiemodells gut erreichen.

Das vierphasige System Integrativer Gestalt-Therapie wurde von Hilarion Petzold (1979) entwickelt; es macht klare, sehr bewußte und transparente Arbeit mit der gesamten Bandbreite von Gestalt-Intervention möglich. Eine inhaltliche Erweiterung dieses Modells soll durch Zuordnung der Paartherapie versucht werden: durch das zugrunde gelegte Konzept der Partnersynthese, durch das veränderte Setting, durch die spezifische Therapie-Dynamik und die paarbezogene Interventionsmethodik.

Die vier Phasen dieses Modells sind hier im wesentlichen zu verstehen als zeitlicher Ablaufplan einer Gesamttherapie, obwohl sie manchmal in einer einzigen Sitzung gleichzeitig auftreten können. Wenngleich die zeitlichen Grenzen nicht sehr strikt sind, dürfen die Inhalte keineswegs beliebig ineinander überfließen, da sonst zweite oder dritte Schritte vor dem ersten gemacht würden. So kann neues Verhalten nicht ausprobiert werden in Kommunikationsübungen oder Selbstbehauptungstraining, solange altes, durch Mißerfolg und Angst geprägtes Erleben blockierend jeden Neuversuch zum wiederholten Mißerfolg werden ließe. Gerade bei zerstrittenen Partnern hat das Alibi-Konsequenzen wie: »Siehst Du, trotz Therapie kommen wir nicht weiter, also trennen wir uns.«

Ablauf einer Gestalt-Paartherapie (Schema)

Initialphase

● Das Paar kommt, in großer Distanz voneinander, Krisen überragen andere Lebensbereiche.
Die Breite der Konflikte, aber auch alle vorhandenen positiven Restgefühle werden gemeinsam ausgelotet, Zielklärung.

Aktionsphase

● Die Partner entfernen sich eher voneinander im Versuch der Selbstfindung durch Aufarbeitung der blockierenden Lebensgeschichte; Einsicht in die Partnerstile; beide auf der Ich-Suche.

Integrationsphase

● Neugewonnene Selbstentfaltung bewirkt offene Partnerauseinandersetzung:
Liebe – Zorn
Kontakt – Abgrenzung
Bewahrung – Veränderung
aktive Lebensgestaltung – Umgang mit den Partnerstilen.
Innere Scheidung.

Neuorientierungsphase

● Das Paar findet den richtigen Abstand zueinander, lebt im Wechsel von Verschmelzung und Entfernung, steht im Austausch mit der Umwelt und entfaltet Schöpfungskräfte. Rollenunterschiede werden aufgehoben; beide verkörpern weibliche und männliche Anteile.

Auf die Erfüllung aller vier Phasen ist sehr zu achten. Umrißhaft sollte dies den Paaren schon in den Vorgesprächen erläutert werden. So bekommen sie das Gefühl eines »roten Fadens«, der auch hilft, das therapeutische Geschehen einsichtiger werden zu lassen.

Die Initialphase

Bereits der Start einer Paartherapie unterscheidet sich meist von dem einer Einzeltherapie. Vorgespräche, Erstgespräche oder Therapiebeginn sind oft gekennzeichnet durch krisenhafte Zuspitzung beim Paar. Das gilt wahrscheinlich für die Hälfte aller Fälle, obwohl die Krise meist nur von einem der beiden Partner so dramatisch erlebt wird. Gerade dieses einseitige Erleben bringt die Aufgabe mit sich, dem einen zu helfen, die Krise durchzustehen, dem andern aber das Verständnis für die Krise seines Partners nahe zu bringen. Unmittelbar daraus läßt sich auch die Settingsfrage beantworten, die bei der Partnertherapie besonders wichtig ist.

Setting:

Es erscheint mir absolut erforderlich, daß unter Ausnützung sämtlicher Möglichkeiten erreicht wird, daß beide Partner *gleichzeitig* in die Therapie kommen; das gilt durchgängig für den gesamten Therapieverlauf. Das ist ein absolutes Gebot, von dem es nur eine einzige Ausnahme gibt, nämlich die, daß der Therapeut sich selbst überfordert fühlt.

Die Begründung dafür liegt in der Gestalttherapie selbst, da sie Veränderungsprozesse über unmittelbares Erleben seelischer Abläufe erreicht. Wiedergegebene Prozesse erreichen nicht dieselbe Tiefenwirkung beim Partner, also auch weniger Motivation, sich selbst zu verändern. Außerdem kann getrennte Therapieführung auch schon immer als vorweggenommene Trennung

98

des Paares aufgefaßt werden, etwa in dem Sinne, daß in Krisenzeiten mit dem anderen eben nicht zu rechnen sei. Selbst wenn der eine ausdrücklich Einzelsitzungen wünscht, bedeutet dies immer zugleich eine Manipulation des anderen. Paartherapie in Einzelsitzungen zu leisten, bedeutet Reduzierung vorgegebener Komplexität, irrationale Veränderung sämtlicher Realität, bedeutet also immer Vermeiden, sei es von seiten der Klienten oder von seiten des Therapeuten.

Partnerstile:

Der zweite wichtige Aspekt der geforderten gemeinsamen Durchführung liegt darin, daß von Anfang an nach dem Ineinanderwirken der Partnerstile zu suchen ist, daß beide zum Reden kommen, auch der scheinbar Schwächere seine leidende, in sich hineinschluckende Art aufgibt und seinerseits mit der Anklage herausrückt. Nur dann ist es möglich, die gegenseitigen Belastungsmechanismen zu erkennen – einfacher gesagt, nach der »Schuld« eines jeden zu suchen. Wie kooperativ und menschlich intakt, wie strotzend gesund manchmal auch einer der beiden erscheinen mag, er ist fehlerhaft verwickelt in diese Beziehung. Danach zu suchen, ist meist detektivische, spannende Arbeit.
Um es deutlich zu machen: Dieses Gebot permanenter Paararbeit muß nicht für andere therapeutische Methoden gelten; die Begründung leitet sich stark aus der gestalttherapeutischen Arbeit selbst mit ihrem Schwerpunkt im erlebnisorientierten Vorgehen her. Selbst wenn im weiteren Verlauf deutlich wird, daß die krisenhafte Entwicklung z. B. zu Lasten neurotischer Störungen nur des einen Partners geht, so ist es immer noch sinnvoll, die Paartherapie gemeinsam fortzusetzen, mit dem schwerer belasteten Teil allerdings zusätzlich Einzel- oder Gruppentherapie zu machen. Idealerweise sollte diese dann allerdings von einem anderen Therapeuten durchgeführt werden.
Zum Setting der Therapeuten: Hier kann es als ideal gelten, wenn ein Therapeutenpaar die Paartherapie durchführt. Voraussetzung

ist allerdings, daß die beiden als Modell zur Identifikation und Nachahmung dienen und auch in Krisenfällen harmonisch zusammenarbeiten können. Dazu gehört ein ähnliches Maß an Offenheit und Direktheit, an Wunsch nach tiefem seelischen Erleben. Anderenfalls ist es wesentlich besser, wenn ein Therapeut allein arbeitet, denn Gleichklang an self-awareness*, an self-disclosure*, an Mitempfinden von Tiefung und Identifikation mit den Ratsuchenden ist sehr entscheidend für die weiteren Prozesse.

Zur Dauer und Organisation der Therapie:

Für die mit einem Paar allein durchgeführte Therapie gelten gegenüber der Einzeltherapie keine besonderen Regeln. Als sehr praktikabel erscheint es, wöchentlich je 1 Sitzung von 60–90 Minuten zu machen – insgesamt muß im Durchschnitt mit 30–45 Sitzungen gerechnet werden, also 1–1½ Jahre, wenn Urlaub u. ä. berücksichtigt werden. Für die Paar-Gruppentherapie muß mit etwa 2 Jahren Dauer gerechnet werden, bei wöchentlichen 2 bis 3stündigen Sitzungen und 3 zusätzlichen Intensivseminaren von 3–4 Tagen, zu Beginn jeweils der zweiten, dritten und vierten Phase.

Das Paar:

Sie kommen also nach Möglichkeit gemeinsam. Als Therapeut übe ich mich nicht in Zurückhaltung, falls ein Partner zunächst nicht mitkommen will. Schafft es der Klient nicht allein, rufe ich mit seinem Einverständnis beim Partner zu Hause an, nötigenfalls auch öfter, oder schreibe. In dieser Anfangsphase setze ich damit meine Macht bewußt und offen ein.

* self-awareness = ständige Selbstwahrnehmung und self-disclosure = persönliches Öffnen als wichtige Fähigkeiten des Therapeuten, sich selbst als Instrument in der Therapie einzusetzen.

Die Problemvorstellung geschieht dann ohne große Einflußnahme des Therapeuten. Wie aus der allgemeinen Literatur bekannt, wird hier jede Geste, jede Sitzordnung, jedes Beginnen zum diagnostischen Mittel. Das Paar drückt sein Problem verbal aus, durch Körpersprache, im Rollenspiel. Kleidung, Aussehen, Zugewandtheit, Augenkontakt, gegenseitiges Hemmen, Unterbrechen oder Fördern in der Darstellung sind nur wenige der möglichen Hinweise auf die Situation des Paares.

Vergangenes wird auf Heutiges zurückgeführt. An dieser Stelle in die Lebensgeschichte einzusteigen, ist verfrüht. Dabei beobachtet der Therapeut das Kommunikationssystem des Paares, seine Interaktionsstile und leistet die Kontextanalyse*. Hierher gehört das Explorieren der fünf Identitätssäulen: Körperlichkeit, soziales Netzwerk, Arbeit und Leistung, Ökologie, Bereich der Werte. Hier wird deutlich, wie weit der eine an der Identität des anderen teilhat, erkennbar im Rollenspiel, in der Arbeit mit dem leeren Stuhl oder durch Fragenvorbeantwortung.

Diese Technik kann auch als Einübung ins Rollenspiel verwendet werden. Damit ist gemeint, daß der Therapeut etwa die Frau fragt, ob sie ihren Mann überhaupt noch liebe und wieviel Kraft sie einsetze, die Ehe zu retten – bevor sie aber zur Antwort ansetzt, dieselbe Frage vom Mann für sie beantworten läßt – vielleicht so: Wissen Sie, wie sehr Ihre Frau Sie liebt? Will sie die Ehe erhalten? Später ergibt sich daraus zwanglos Rollentausch und Identifikation mit dem Partner.

Dieser erste Teil der Initialphase dient der Diagnostik, der Motivierung und Aufwärmung. Gerade bei diesem selbstfließenden, unstrukturierten Teil wird leicht erkenntlich, welcher der beiden der Stärkere oder der Nachgiebige, mehr auf Rückzug Bedachte ist, ohne daß damit schon deutlich würde, von welcher

---

* Kontextanalyse/Prägnanzanalyse (Petzold 1979) meinen: Das Paar muß mit seinem Problem nicht nur als Zweierbeziehung allein, sondern mit Einwirkung aus Familie, Arbeit und Gesellschaft gesehen werden und: »Prägnanzanalyse geschieht durch das gestalttherapeutische Zentrieren auf die im Augenblick wahrnehmbaren Gefühle: Was fühlst Du jetzt? Wie erlebst Du das jetzt?« Das eigentliche Problem soll so in seiner Prägnanz/Deutlichkeit verschärft werden.

Seite mehr Widerstand zu erwarten ist. Durch das relative Nichteingreifen des Therapeuten zeigen sich die Partnerstile in ihrem Zusammenspiel eher, seine Zurückhaltung wirft das Paar auf sich selbst zurück. Allerdings lohnt sich ein durch langes Schweigen belasteter Anfang auch nicht.

Hier ist schon die Naht zur zweiten Sequenz der Initialphase: nicht Gespräch oder Interventionstechnik des Therapeuten waren bisher entscheidende Instrumente, um das Geschehen zu erfassen, sondern seine self-awareness. Dieses »Angerührtsein« von ihr oder ihm, dieses teilweise Mitschwingen und die eigene Betroffenheit sind deutliche Indikatoren für vorhandene Gefühls- und Erlebnisqualitäten des Paares. Und jetzt erst beginnt der Therapeut, geleitet von seinem eigenen Empfinden, vertiefend zu intervenieren, indem er bewußt die die Konfliktdarstellung begleitenden Gefühle abruft. Oft werden diese nämlich nicht oder nur wenig von den Partnern benannt; deren Auslotung wird erste therapeutische Arbeit. Je besser es gelingt, die tiefen, zugeschütteten Gefühle anzusprechen, um so kompetenter, attraktiver und mächtiger erscheint gleichzeitig der Therapeut den Ratsuchenden und um so erfolgreicher ist die Verlaufsprognose für das Paar selbst (vgl. Witte 1978).

Dieses vorsichtige Heranführen an die Gefühlsanteile der Partner bedeutet zunächst Vertrauen und Beziehung herstellen zwischen dem Paar und dem Therapeuten, bedeutet erste Intimität. Natürlich werden dabei auch erste Widerstände sichtbar, die klar auf den Tisch zu legen ebenfalls hierher gehört. Von ihnen hängen sowohl die wahren Motive zur Partnertherapie ab als auch die Entscheidung, ob die beiden ihre Ehe überhaupt fortsetzen wollen, ob es überhaupt Sinn hat, miteinander Paartherapie zu machen, und schließlich die Überlegungen des Therapeuten, welche Störungsanteile jeder mit in diese Partnerschaft gebracht hat und welche davon heute noch einwirken. Dieses Vorgehen läßt sich wohl am ehesten mit dem Begriff Prägnanzanalyse umschreiben: ausgehend vom aktuellen Erleben, z. B. dem Schock über einen Seitensprung des Partners, sucht der Therapeut vorsichtig nach den vom anderen Partner daraufhin erlebten

Gefühlen, wie Trauer, Verletzung, Enttäuschung und Demütigung.

Die entscheidende weitere Tiefung und damit die nächste Phase wird eingeleitet durch die Frage nach der Verknüpfung solcher Gefühle mit früheren Erlebnissen, Erfahrungen, Erinnerungen. Woher kennt der Klient z. B. dieses Gefühl der Trauer, gehört das schon lange zu ihm und wann hat er es zum ersten Mal erlebt? Wieviel Raum nimmt die Trauer in seinem Leben ein und welche anderen Gefühle der Lebensgrundstimmung sind daneben wichtig?

Um wirklich das Vertrauen der Partner zu gewinnen und deren Bereitschaft und Hoffnung für die kommende Arbeit anzuregen, ist es nicht so wichtig, klare Sachverhalte, objektive Umstände und sachliche Zusammenhänge aufzudecken, als vielmehr das innere Erleben anzusprechen, die seelische Unerfülltheit mit den phantasierten Glücksvorstellungen zu vergleichen und ein Gefühl dafür zu ermöglichen, was in dieser Ehe der eine dem anderen antut.

Die Rückführungen auf die eigenen Anteile der Betroffenheit dürfen nur in dem Maß wachsen, wie das Vertrauen zum Therapeuten zunimmt, die Brücken der Beziehung zwischen allen stabiler werden und die Arbeit mit dem eigenen Ich es überhaupt gestattet. Nur solche Tiefungen bzw. Steine sind ins Rollen zu bringen, die der Therapeut wieder auffangen kann. Das Ausmaß an zugelassener Erschütterung darf deshalb nicht das Ausmaß an Hoffnung auf Erfolg der Therapie überschreiten, die Systemstabilität des Paares – und sei sie noch so neurotisch – darf nicht zu früh erschüttert werden. Zu schnell werden dadurch Widerstände provoziert, die an dieser Stelle meist nicht mehr aufzuarbeiten sind, da dann oft einer der Partner wegbleibt. Deshalb muß zu Beginn der Aktionsphase und ihrer Selbstfindungsarbeit die Arbeit mit den Widerständen stehen.

So schnell auch gerade die Paare diese eher einleitende Phase zugunsten rascher Lösungsversuche übergehen möchten, so sollte sich der Therapeut jedoch nicht durch eigenen Ehrgeiz verleiten lassen, zu früh in die Tiefungsarbeit zu gehen. Die Ganzheit dieser Paarsituation zu erfassen, wie in einem Panoramabild, ist entscheidend, das Paar sollte sich wie in einem Spiegel wiedererkennen können. Oft verschweigen die Partner aus Scham, Unsicherheit oder Vergessen wichtige Teilbereiche wie Körperdefekte, sexuelle Probleme, Unterlegenheitsgefühle, berufliche Schwierigkeiten. Aber ebenso wie die individuelle Identität gibt es eine Paaridentität, die gleichermaßen am mehr oder weniger heilen Bestand der fünf Identitätssäulen gemessen wird. Sind Körperidentität, ökonomische Situation, Ökologie, soziales Netzwerk und der Wertebereich eines Partners zu sehr beeinträchtigt oder zwischen beiden zu verschieden, führt das zu Blockierungen bei der Entfaltung der Zweierbeziehung.

Dieses voneinander abhängige Identitätsgefüge beinhaltet aber gleichzeitig noch ein »Mehr« an Erleben als das bloße Zusammensein von zwei Individuen. Daher ist vom Therapeuten danach zu forschen, wieweit schöpferische Begegnung und sinnhaftes Erkennen, das Wiederfinden von Vergangenheit und Zukunft im Anderen füreinander möglich sind.

Dazu ist es nötig, daß beide ausreichend dazu kommen, sich selbst und ihre Sicht von der Partnerschaft darzustellen und den introjektiven Partnerstil wenigstens teilweise aufzugeben. Der Therapeut muß dazu gelegentlich den schwächeren Teil stützen, sich mit ihm solidarisieren, ohne den anderen zu vertreiben.

Dies alles geschieht noch so vorsichtig, daß keiner der beiden sich dem Therapeuten widersetzen muß, daß er sich nicht zu wehren braucht – dann kann nahtlos in die zweite Phase übergegangen werden.

Die Aktionsphase

Die Widerstände sind in erster Linie als »Barrieren gegen den Kontakt« zu verstehen – Kontaktbarrieren nämlich gegen den Partner und oft auch gegen den Therapeuten. Diese Barrieren oder Mauern sollen dazu dienen, sich vor neuen Verletzungen oder Enttäuschungen zu schützen, den anderen nicht mehr in sich eindringen zu lassen, damit es nicht noch mehr weh tut. Das Paar erstarrt dabei aber in einseitigen Handlungsmustern, neue Einfälle und Impulse zur Wiedererweckung der Liebe kommen beim anderen gar nicht mehr an oder unterbleiben. Ganze Bereiche des Reaktionsspektrums werden nicht mehr angewendet, werden eingefroren, abgespalten und verdrängt. So gibt es viele Paare, die nur der Gewohnheit wegen zusammen leben. Sie haben oft jahrelang kaum noch besondere Freizeitaktivität miteinander, schlafen über Wochen, Monate, manchmal Jahre nicht miteinander, teilen keine geistigen Interessen, entwickeln keine neuen Umgangsformen. Das Familienleben wird auf Sachvollzüge reduziert.

Solche Abspaltungen führen auf Dauer zu seelischer Zerrüttung oder seelischer Grausamkeit. Ausweichmöglichkeiten gibt es oft nur wenige, da die Enge der Zweierbeziehung dem entgegensteht, wichtige Faktoren zur Schöpfung von Vitalenergie sind verloren. Das zeigt sich bei einem solchen Paar dann deutlich an den Partnerstilen (siehe Kap. 3). Während bei positiver Entwicklung von allen vier Handlungsmustern Gebrauch gemacht wird, tritt unter zunehmender Krise eine Reduktion ein: die Partner begegnen einander immer vorsichtiger, wenden nur noch den Stil an, den sie am längsten kennen, werden dadurch aber nur kantiger, plumper und unattraktiver füreinander.

Diese Verkümmerung aufzuarbeiten heißt, den Kontakt der beiden miteinander wieder zu erweitern. Kontakt aber geschieht in erster Linie über unsere Sinne: Sehen, (Zu-)Hören, Berühren, Sprechen, Riechen und Schmecken – darin wie auch in unseren Bewegungen kommen Liebe und Haß zum Ausdruck, dies ist aber auch der Bereich , in dem in der Regel zu wenig Verstärkung gegeben und zu viel und zu tiefe Verletzung zugefügt wurde – all das, wodurch die Grenzen für Kontakt mit dem Partner immer enger gezogen wurden. Diese Ich-Abgrenzung, die zur Lieblosigkeit führte wieder aufzubrechen, ist Ziel der Aktionsphase. Erst wenn die Mauern und Panzer gegen Verletzungen durch den anderen eingerissen werden, können wir auch seine Küsse und Zärtlichkeiten wieder fühlen.

Mißtrauen und Angst gegenüber dem Partner lassen sich jedoch nicht durch Training, durch Regeln oder durch die bloße Erkenntnis beseitigen, der andere meine es doch gut mit mir. Hinzu kommt nämlich, daß die negativen Erfahrungen aus der Partnerschaft sich mit Erfahrungen ähnlicher Art aus früherer Zeit verknüpfen, die kränkenden Erlebnisse sich zu einem Knäuel verbinden, das nur zu entwirren ist, indem wir es sorgfältig aufrollen, die Fäden bis zu ihrem Ursprung zurückverfolgen und sie danach neu ordnen.

Dies genau geschieht in der Aktionsphase. Dagegen regen sich aber Widerstände, denn das heißt ja auch, daß jeder der beiden »Schuld« hat, daß Beide sich verändern müssen. Doch ermöglicht die Gestalttherapie eine Motivation zu dieser Aufarbeitung, indem sie den Betroffenen anbietet, zunächst einmal die eigenen Verletzungen und Enttäuschungen anzuschauen, die eigenen Wunden zu lecken, sich Schmerz und Trauer zu öffnen.

Das Erleben dieser Gefühle, häufig bis zur Dramatik gesteigert durch Gewaltanwendung, Selbstmordversuch, Existenzbedrohung oder tiefste Demütigung, wird jetzt in der therapeutischen Arbeit, mit früherem Erleben in Verbindung gesetzt.

Die Phase der Vertiefung beginnt der Therapeut also damit, daß er sich die Krisensituation des Paares oder eines Partners noch einmal schildern läßt, nach den Gefühlen fragt, die die Ereignisse begleiteten, wie auch nach den jetzigen, um dann nach Erinnerungen an ähnliche Verzweiflungs- oder Verlassenheitssituationen zu forschen.

Über das Berichten und Erinnern geht die Tiefung bis zum affektiven Nacherleben und Wiederfühlen und schließlich zu den autonomen Körperreaktionen, in denen die Verstandeskontrolle weitgehend ausgeschaltet ist und der Körper sozusagen allein die Geschichte aufarbeitet. Er ist ja der Träger jeder menschlichen Existenz – in ihm verknüpfen sich Identität, Selbst und Ich zu einem Ganzen. Er ist wie eine Landkarte, in die die ganze Lebensgeschichte eingezeichnet ist: jede Erfahrung – jede Zärtlichkeit von liebender Hand, jede Seelenwunde durch ein kränkendes Wort.

Deshalb ist besonders in der Partnertherapie Körperarbeit zu leisten, denn zum einen ist der Körper die direkteste Verbindung in dieser Zweieinheit, zum andern sind hier die Blockierungen meist am wirksamsten in Form sexueller Störungen, psychosomatischer Erkrankungen oder direkter körperlicher Zurückweisung des Partners. An dieser Stelle der Aktionsphase wäre es aber noch verfrüht, das Paar zu irgendeiner Form gegenseitiger Körperarbeit hinzuleiten, um nicht überhastet die Gefahr neuer Verletzungen heraufzubeschwören. Bevor er Besuch empfangen kann, muß jeder sich in seinem eigenen Körper zu Hause fühlen. Neben dem Bemühen, in dieser Phase ein kathartisches Durcharbeiten zu ermöglichen, werden gleichzeitig die gesamten Kontakt- und Ich-Funktionen angestoßen, wird zu verschütteten Gefühlen, aber auch zu verlorengegangenen Impulsen und Reaktionen zurückgefunden. Diese abstrakte Darstellung will ich durch die Schilderung einer Sitzung mit einem Paar erhellen, das zur Zeit der Therapie getrennt lebte.

Beispiel:

Der Mann, 43, als selbständiger Kaufmann sehr erfolgreich, hatte seine Frau und seine zwei Söhne öfter geschlagen. Zu Hause schrie er nur, übertrug die ganze Berufshektik auf die Familie und machte seine Frau für alles verantwortlich, selbst für seinen angeblich drohenden Herzinfarkt, da eigentlich ein Mann sein Zuhause brauche, um die erschöpften Kräfte wieder herzustellen. Nach der 3. Sitzung zog er zu Hause aus, weil er endlich Ruhe brauchte und nicht noch das ständige Gezeter. Die Frau wirkte dagegen sehr depressiv, ängstlich und starr. Immerhin hatte sie vor Therapiebeginn noch im Zorn einmal das ganze Arbeitszimmer des Mannes zertrümmert und mit dessen Schrotflinte in die Wände geschossen. Vor der Ehe hatte sie eine sehr starke Liebesbeziehung gehabt, bei deren Auseinanderbrechen sie einen Selbstmordversuch gemacht hatte. Von ihrem Mann wußte ich inzwischen, daß er unter vorzeitigem Samenerguß litt. Beide berichteten zu Beginn der 5. Sitzung, die hier dargestellt werden soll, von einer Beruhigung der Situation durch das Getrenntleben.

Er schilderte dann weiter, daß er aber trotzdem immer sehr erschöpft sei, da er sehr lange, bis in die Nacht hinein, arbeite. Er spüre auch weiterhin die starken Herzschmerzen und seine Angst vor Herzinfarkt sei ständig da. Aber er brauche noch zwei, drei oder höchstens fünf Jahre, um die Firma ganz hoch zu bringen, und dann könne er sich mehr Zeit für sich selbst nehmen. Diesen Kampf müsse er aber noch durchstehen.

Daraufhin schlug ich vor, hinzuschauen, seit wann er dieses Kämpfen im Leben kenne und wo er noch kämpfen würde. Er schaute sofort seine Frau an und zitierte den Ehekampf. Seiner Frau habe er auch immer etwas Besonderes bieten wollen als Ersatz für sein scheinbares sexuelles Versagen. Von Anfang an habe er sich stark zeigen wollen und sich um sie abgemüht, ohne daß seine Frau ihm das gedankt hätte. Im Gegenteil, sie habe ihn nur mehr zerstört.

Die therapeutische Idee war nun, es nicht bei diesen projektiven Anklagen zu belassen, sondern die Not, die dahinter stand, allmählich für alle greifbar werden zu lassen. Deshalb schlug ich ihm vor, einmal von der Situation mit seiner Frau wegzugehen, noch weiter zurück, wo er noch habe kämpfen müssen. Daraufhin war deutlich zu beobachten, wie der sehr große und stattliche Mann im Stuhl allmählich zusammensackte, wie sein Blick nach innen ging und sein Gesicht einen starrgespannten Ausdruck annahm. Ich unterbrach schließlich sein Schweigen mit dem Hinweis, daß er ruhig die Gefühle, die er jetzt in seinem Körper und in seinem Gesicht spüre, zulassen und uns auch zeigen könne. Da richtete er sich wieder auf, konzentrierte den Blick auf mich und antwortete, daß ihm das vor seiner Frau schwerfalle, da er Angst habe, sie würde ihn doch nicht verstehen und ihn nur auslachen. Ich wollte mich darauf aber nicht einlassen und teilte ihm statt dessen mit, was ich beobachtet hatte, daß er nämlich für kurze Zeit mit seinen Gedanken und Gefühlen ganz woanders gewesen sein müßte, ziemlich weit weg, und daß er auch unter Druck gestanden habe. Daraufhin begann er stockend zu erzählen, daß er tatsächlich schon habe kämpfen müssen, solange er überhaupt zurückdenken könne.

Es folgte nun ein Teil seiner Lebensgeschichte, aus dem hervorging, daß er schon als 5jähriger den fehlenden Vater ersetzen wollte, immer um die Mutter kämpfte und besorgt war, ihr nicht genügend Hilfe leisten zu können. Der Vater war im Krieg gefallen, durch die Kriegsereignisse selbst war die Familie verarmt. Er hatte in dieser Zeit gespürt, daß seine Kräfte nicht ausreichten, um die Mutter zu beschützen, außerdem fühlte er noch mehr Minderwertigkeit dadurch, daß er in der Schule mit Klassenkameraden zusammenkam, die alle aufgrund ihres Elternhauses einen höheren Status hatten. Gerade das aber erzählte die Mutter dem

Jungen immer wieder: der eine sei Sohn eines Direktors, der andere Sohn eines Amtmannes, usw. Daß ausgerechnet die geliebte Mutter ihm das immer vorhielt, verletzte ihn und spornte ihn gleichzeitig zu immer mehr Leistungen an. So wurde er in der Klasse nicht nur bester Schüler, sondern auch noch der Stärkste; er schlug sich nämlich mit allen Jungen seiner Klasse.

Auf meine Frage, wie er sich denn dabei fühlt, wenn er jetzt über seine Situation in der Klasse berichtet und vor allem über seine Beziehung zur Mutter, wandte er wieder den Blick nach innen, zog die Schultern ein und verstummte. Am Zucken um den Mund und um die Augen war allerdings zu erkennen, daß er diesesmal näher an seinen Gefühlen war. Plötzlich sagte er: »Ich habe nie geweint vor meiner Frau. Ich habe nie geweint – und wenn, dann immer nur alleine. Alleine in meinem Zimmer, und das ziemlich oft.«

Ich ermunterte ihn, jetzt einmal Tränen zuzulassen und vielleicht auf diese Art und Weise seiner Frau verständlich zu machen, wieviel Schmerzen und Leid er in sich trage. Nach einer Weile begann er dann tatsächlich sehr stark zu weinen, manchmal unterbrochen von Blicken auf seine Frau, auf mich, und schließlich schilderte er noch einmal, begleitet auch von Aufstampfen auf den Boden, unter Tränen, wie einsam er sich immer gefühlt habe und er sich heute noch fühle, daß er auch jetzt noch keine Freunde habe und alle ihn als so hart bezeichneten, obwohl er doch so weich sei und die Gefühle ihn hinwegzuschwemmen drohten. Dabei habe er sich immer mal gewünscht, sich anlehnen zu dürfen, Schutz zu suchen bei der Frau und besonders bei seiner Mutter. Uns allen Dreien wurde allmählich deutlich, wie sehr er Mutter und Ehefrau gleichsetzte und gleich behandelt hatte. Durch die pausenlose Überforderung und gleichzeitige Herabsetzung, die er von seiner Mutter erfuhr, hatte seine Liebe sich allmählich in ohnmächtige Wut verwandelt. Er sah all sein Elend und Unglück nur noch durch die Mutter bedingt und übertrug dieses tiefe Mißtrauen auf seine Frau.

Im Anschluß daran war es zum ersten Mal möglich, daß das Paar sich in der Stunde miteinander unterhielt. Sie sprachen darüber, wie sehr seine Mutter lange Zeit ihre Ehe belastet hatte. Dabei wurde deutlich, daß auch die Ehefrau viele Jahre sehr unter der Schwiegermutter zu leiden hatte. Diese hatte nämlich auf der einen Seite Zurückweisung von ihrem Sohn erfahren, wodurch ihr Kontakt mit ihm sehr reduziert war, hatte aber täglich die Schwiegertochter angerufen und diese dafür verantwortlich gemacht. Da die Schwiegertochter selbst so schüchtern war und zu gut erzogen, um die »Dame« zurückzuweisen und die Telefonate einfach zu beenden, mußte sie diesen Nervenkrieg auf sich nehmen. Plötzlich gab es in der Sitzung eine Art Solidarität zwischen den beiden, sie schauten sich öfter in die Augen, sprachen weiter miteinander, konnten sogar lächeln und sich gegenseitig versichern, daß diese Mutter für sie beide wirklich schrecklich gewesen war. Die lange Zeit starre Frau reichte ihm ihr Taschentuch und versicherte, daß sie ihn nicht seiner Schwäche wegen auslachen würde und daß sie glaube, ihn zu verstehen. Sie habe nicht gewußt, wie schmerzlich das für ihn alles gewesen sei.

Diese Sitzung zeigt ganz deutlich das verworrene Knäuel von Gefühlsvermischung zwischen Gegenwart und Vergangenheit; die scheinbar unzureichenden Kräfte des Kindes, die eingebildete Minderwertigkeit des Jungen in der Schule, der vorzeitige Samenerguß des Mannes in der Ehe und sein verzweifeltes Kämpfen, es den Frauen doch noch recht zu machen – ohne Hoffnung, das Ziel jemals zu erreichen. So war er immer härter geworden, immer drohender und böser. Er hatte schließlich nur noch den projektiven Partnerstil zur Verfügung.

Diese aggressive und einseitige Form von Geben, nämlich Schlagen, Schreien, Drohen, Angreifen, um auf sich aufmerksam zu machen, wandelte sich noch in dieser Stunde etwas ab zugunsten des introjektiven Stils, nämlich das Taschentuch annehmen, seiner Frau zuhören, ihre Blicke auffangen, ihr Verstehen spüren. Verlorengegangene Impulse wie Weinen oder Sich-Anlehnen kamen zum Durchbruch.

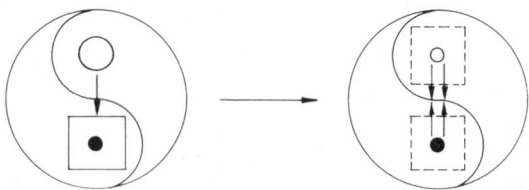

Natürlich genügt nicht eine solche Therapie-Arbeit allein. In immer wieder sich verändernden Aspekten müssen Partnerstile und Lebensgeschichten in Bezug gesetzt und Defizite aufgedeckt, muß die Entfaltung der eigenen Identität in die Wege geleitet werden. Letzteres bedeutet bereits den Schritt in die Phase der Integration.

Zur Durcharbeitung:

Wichtig ist, nicht voreilig diesen Schritt anzustreben: es dürfen nicht unerledigte Störungen liegenbleiben, sie würden den Therapieprozeß stören wie Felsbrocken das Strömen des Flusses. Die Aktionsphase ist wie eine Entdeckungsreise: es gilt, alle Hindernisse, alle Blockierungen aus der Vergangenheit zu finden, die die Entfaltung der Persönlichkeit und damit die Entfaltung der Liebesfähigkeit verhindern. Diese Reise ist oft sehr spannend, oft ermüdend, oft aber auch gefährlich, weil dieses Vertiefen und Hinabtauchen in das verschüttete Seelen- und Körperleben manchmal chaotische Zustände aufzeigt, die – lange Jahre sorgsam verschlossen – nun explosionsartig zum Durchbruch kommen können. Oft kriegt der Partner dabei mehr Angst als der Betroffene selbst.

Der Therapeut muß allerdings darauf achten, das Partnersystem nicht unnötig noch mehr zu erschüttern und so vorzugehen, daß beide die Aufdeckung all dieser Gefühle, Sehnsüchte, Schmerz- und Defiziterlebnisse, das Erkennen stehengebliebener Entwicklung und Persönlichkeitsverformung ertragen und als sinnvoll und gut erleben können. Grundsatz der Gestalttherapie ist nämlich, daß die Aufarbeitung aller Blockierungen dadurch geschieht, daß der Klient gerade durch die Gefühlserlebnisse hindurchgeht, die die spätere Abspaltung scheinbar notwendig machten. In der treffenden Sprache von Fritz Perls heißt das: »Du mußt durch den Alptraum hindurchgehen, um den Traum zu erleben.«

In dieser Zeit, in der es besonders häufig zu tiefem Hinabtauchen bis in die Kindheit kommt, entstehen massive Übertragungen. Gemeint ist damit, die gefühlsmäßige Beziehungsaufnahme zum Therapeuten. Es ist ganz wichtig, diese als Abbild für Kontaktaufnahme und Beziehungsmuster im Vergleich zum sonst praktizierten Partnerstil zu sehen. Übertragung und Gegenübertragung werden aber nicht als Wiedergabe von Kindheitsgefühlen analysiert und interpretiert, sondern als Versuch zur Auseinandersetzung in Liebe oder Zorn, in Angst oder Freude, als Versuch, die eigene Kontaktbarriere zu durchbrechen und lebendige Beziehung aufzunehmen.

Besonders im Dreier-Setting ist das nicht so einfach, weil z. B. die Zuneigung des einen und der Ärger des anderen ja durchaus gelebt und erlebt werden sollen. Bloßes Darüberreden ist im Sinne der Gestalttherapie soviel wie Agieren, diese Impulse hingegen in Handlung umzusetzen, bedeutet Aufarbeiten. Der Therapeut muß also selbst offen sein und diese Gefühle mittragen. Dadurch geschieht mehr als bloße Therapie – es entsteht echte Verbundenheit. Das Gefälle zwischen Therapeut und Paar verringert sich, die Partner erleben modellhaft, wie der Therapeut mit seinen negativen oder positiven Beziehungswünschen umgeht. Der Therapeut gibt sich als Mensch und Person ein, läßt auch begrenzt Intimität zu, die auch in Körpersprache und Körperkontakt ihren Ausdruck findet.

So mag er beim Durcharbeiten kindlicher Traumata zum Ausklang der wiedererlebten Familienszene die Rolle von Mutter oder Vater übernehmen, dem Klienten tröstend über das Haar streichen oder ihn bergend umarmen, so kann er seine Zuneigung ausdrücken, indem er sich dicht neben den Betroffenen setzt und eine zarte Berührung mit den Händen ermöglicht. Mehr als in der Therapie von Einzelpersonen ist in der Paartherapie das Austauschen von Gefühlen aller Art und deren Befriedigung Hauptthema. Der Therapeut darf sich daher nicht diesem Austausch entziehen, zumal er sich in der »Gestalt« als Instrument der Therapie versteht.

Auch wenn sich die Beschreibung dieser zweiten Phase anhört, als wäre immer nur einer zur Zeit am therapeutischen Geschehen beteiligt, ist hier das Miteinander der Partner doch äußerst wichtig. Sie lernen nicht nur am Modell des Therapeuten, dem anderen in seine schmerzenden Tiefen zu folgen und ihn dadurch besser zu verstehen, sie sind, wie das Fallbeispiel zeigt, auch unmittelbar nach einer solchen Durcharbeitung als wichtigster »Rückmelder« nötig. Darüber hinaus dient in der Regression und Katharsis nicht nur der Therapeut als Empfänger von Übertragungen, sondern auch der eigene Partner. So kann er in diesem Teil der Arbeit zum Aggressionsgegner, zur Elternfigur, zu einem Geschwisterteil oder zum Geliebten werden. Der »nur mitarbeitende« Partner wird dadurch zum unersetzlichen Gegenpol, der wesentlich zur intensiven Durcharbeitung des anderen beiträgt.

Im Fallbeispiel wird verdeutlicht, wie die Partnerstile ineinandergreifen, gegenseitiges Unverständnis steigern und immer wieder neue Verletzungen produzieren. Der Mann klagte nur an, handelte nur projektiv bis hin zu massiver körperlicher Gewalt. Die Frau dagegen war, bis auf das Schießen, die passiv Schluckende, die auf diese Weise dem Mann die verstärkende Liebeszuwendung, die er gebraucht hätte, um sich mit seinen Schwächen auszusöhnen, nie geben konnte. Nach dieser erschütternden Einzelarbeit unter Assistenz der Frau wurde dann aber möglich, was sonst kaum gelingt: Der ganz in blindem Zorn lebende Mann findet durch zu seinen Gefühlen, erfährt, daß er die dahinterstehenden Energien und Impulse umsetzen kann, zunächst in Form regressiver Handlungen und Übertragungen. Die Starre des retroflektiven Partnerstils seiner Frau wird durch das erschütternde Miterleben durchbrochen – und nicht durch tröstendes Zureden oder Mutmachen! Erst nach dem Alptraum kommt der Traum. Jetzt sind die Partner frei, zu sehen, was sie wirklich miteinander machen und sich antun.

Die Phase der Integration

Inhaltlich geht es hier vorrangig um das Ziel der Selbstfindung und Ichentfaltung, besser noch um die Abrundung der eigenen Identität, aber auch um die Aufhebung von Verzahnung und Manipulation. In der Aktionsphase haben die Partner ihre Abspaltungen, negativen Anteile und Defizite durchgearbeitet, jetzt sollen all diese Teile mit den positiven zusammengefügt werden: die Wunden sind geleckt, unvergessene Verletzungen mit entsprechendem Zorn dem Partner vorgehalten, Vertrauensrisse aufgedeckt und unerledigte »Geschäfte« abgeschlossen worden. Die eigene Identität kann mit mehr Abstand betrachtet werden.

Jetzt könnte die Hoffnung bestehen, daß mit dem deutlicheren Sehen der eigenen Person auch eine weniger verzerrte Wahrnehmung des anderen möglich wird, daß mit der positiven Vervollständigung der eigenen Partnerstile der andere die freudige Konsequenz zieht und sich auch bessert, also wieder lieb ist.

Gerade in der Paartherapie gibt es nun aber Wunderheilungen so gut wie nie und nur selten gradlinige Verläufe. Außerdem tritt an dieser Stelle der Arbeit manchmal ein seltsames Phänomen auf, das mich als Therapeuten zunächt befremdlich anmutete: Der eigene Partner scheint die positiven Veränderungen zu allerletzt wahrhaben zu wollen, während die übrigen Mitmenschen schon längst voller Lob und Anerkennung sind. Aber auch das ist noch zu verstehen: übliche Konstanz der Wahrnehmung und die unliebsame Erfahrung, daß die Veränderung des Partners ja auch immer zwei Seiten hat und entsprechend vehement die eingefahrenen Partnergewohnheiten aufrüttelt – also lieber erst so tun, als ob alles beim alten wäre.

Betroffener aber macht mich die krassere Variante dieses Phänomens: Wenn nach einem Jahr harter Therapiearbeit z. B. der vorher harte, verschlossene und aggressive Mann endlich so weit ist, wie die Frau ihn sich ständig wünschte, nämlich im Sinne des idealen Partnerstils offen, seine Schwächen zeigend, Gefühle wie Trauer und Schmerz mitteilend, ohne Seitensprünge – dann tritt das Unfaßbare ein: daß sie ihn jetzt – auch so – nicht mehr will.

Tatsächlich habe ich dies öfter bei Frauen erlebt, nur einmal bei einem Mann. Erklärbar ist dies nur so, daß die Frau inzwischen mehr zu sich gefunden hat und jetzt merkt, daß die früheren Wünsche und Forderungen an den Mann ihrerseits auf Partnerstile bezogen und einer Haltung entsprungen waren, die für das

System manipulierender Partnerstile zwar noch stimmten, jetzt aber nicht mehr gebraucht werden.

Erst spät begriff ich, daß dies nicht negativ ist, daß es sich sogar folgerichtig um die Auflösung der kritischen Erlebnisverschränkung handelt. Das heißt: Der Partner ist zwar meist ausschlaggebender Teil meiner aktuellen Stimmung, gleichzeitig mache ich ihn aber zum Vollstrecker meiner Grundstimmung. Was er mir antut, und die Art, wie ich mit ihm umgehe, wird zu einer logischen, aber unbewußten Kette von Handlungsmustern. Gemeint ist damit, daß für den Fröhlichen der Partner zum Spielgefährten wird, für den Traurigen aber zum Leidträger oder Leidbringer, für den Ängstlichen zum Bedroher usw. Der eine manipuliert also den anderen in diese Rolle hinein, indem z. B. der Ängstliche Handlungen des anderen besonders in Belastungssituationen schneller als Bedrohung interpretiert und an sich erlebt, als dies der Fröhliche tun würde. Verdeutlicht sei diese Verschränkung am schon zitierten Fall.

Der Kaufmann, der schon als Kind überfordert war, seiner Mutter vollwertiger Partnerersatz zu sein, der in der Schule trotz aller Leistungen nicht die ersehnte soziale Anerkennung fand, für den das Leben nur mehr Kampf war, erlebt sexuelles Versagen bei seiner Frau und muß nun fortwährend gegen sie kämpfen. Daß sie in ohnmächtiger Auflehnung auch noch mit dem Gewehr in die Wand schießt, daß sie sich sonst nur passiv unterordnet, daß sie die Kinder mehr liebt als ihn, ist nur neuer und ständiger Beweis für sein Kämpfen-Müssen. Und die Ehefrau, die von der eigenen Mutter nicht geliebt und von ihrer »großen Liebe« verlassen worden war, erlebt das sexuelle Versagen des Mannes als erneuten Liebesentzug.

Die Arbeit der Integrationsphase besteht demnach in einem Erlebnis- wie auch in einem Erkenntnisvorgang. Der einzelne erlebt sich als Identität mit negativen, positiven, neurotischen und kreativen Anteilen, spürt seine Verschränkung mit dem Partner, fühlt die Konfluenz der Beziehung und erkennt sich als Manipulierender. Das zu erreichen, ist das weitaus härteste Stück Arbeit in der Partnertherapie, dem auch die meisten Widerstände entgegengebracht werden. In dieser dritten Phase fühlt der einzelne sich nämlich dadurch, daß er Abspaltungen aufgearbeitet hat, zu sich selbst steht und Verantwortung für sein Gefühlsleben übernimmt, oft im Vollbesitz frisch wiedergewonnener Energien und Lebensfreude. Er ahnt, daß er sein Leben doch noch zufriedener gestalten kann, und beginnt, neues Verhalten auszuprobieren.

Dabei ist es durchaus wichtig, daß er sich jetzt deutlich vom Partner abgrenzt: sich nicht mehr in seiner Selbstentfaltung behindern läßt, mutiger wird, weil er seine eigenen negativen Anteile zu akzeptieren gelernt hat, sich selbst integriert. Sich dabei auch noch mit dem Partner abzuplagen, der vielleicht noch nicht soweit ist, scheint häufig zu mühsam. Statt dessen versuchen einige, aus der Enge der Zweierbeziehung auszubrechen, den Gefühlsüberschwang mit neuen Partnern zu teilen.

Daß hier die Paartherapie nicht zu Ende sein darf, nur weil die einzelnen wieder lebendiger geworden sind, ist einleuchtend.

Statt dessen geht es nun um den Prozeß der »Inneren Scheidung« (Fischalek 1979): die Partner erkennen an, daß die Weiterführung der Beziehung völlig offen ist, daß viele der bisherigen Inhalte keine Gültigkeit mehr haben, daß keine Einflußnahme mehr ausgeübt wird, daß sich jeder von Beiden zur Individualität abgrenzt. Am Ende dieser Phase sollte die reife Persönlichkeit stehen: die runde Gestalt. Beide Partner sehen sich als unabhänig voneinander, sie besitzen kein Recht aufeinander, sie begegnen sich als »neue« Menschen.

Das Vorgehen in dieser Phase ist gekennzeichnet durch Wechsel zwischen Einzel-, Paar- und Gruppenarbeit. Die einzelnen lernen, sich in der Gruppe oder vor dem Partner zu öffnen, alle Gefühle, auch die bösen, zu zeigen, die Wünsche nach Zärtlichkeit und Liebe deutlich zu machen. Streit und intimer Austausch, lautstark oder leise, oft ohne Worte und nur mit dem Körper, werden in Handlungen und Übungen während der Sitzungen ausprobiert, häufige Rückmeldungen und immer wieder neue Beziehungsklärungen verhelfen zu größerer Sicherheit.

Daraus wird deutlich, daß an dieser Stelle der Therapeut sich langsam aus der Übertragung zurückziehen kann, daß der

Gefühlsaustausch der Partner untereinander oder mit Gruppenmitgliedern in Fluß kommt. Dies kann der Therapeut auch bewußt einleiten, indem er den »Protagonisten« auffordert, sich entweder im Rollenspiel mit dem leeren Stuhl oder in der Gruppe mit einem anderen Teilnehmer auszutauschen. Die zunehmende Offenheit des Therapeuten, über sein eigenes Leben und seine eigenen Fehler zu berichten, tut ein übriges, die Übertragung abzubauen. Der Therapeut macht den Therapieprozeß durch Erläuterungen, aber auch sich selbst transparenter und reduziert damit das Auftreten von Projektion und Konfluenz: indem er seinen Standpunkt, d. h. seine Einstellungen und seine Theorien, kundtut, bekennt er sich zu sich selbst, übernimmt die Verantwortung für sich und reduziert damit die Manipulationsmöglichkeiten, denn die Gruppenmitglieder können sich aufgrund dessen klar abgrenzen.

Am Ende dieser Phase entscheidet jeder für sich, wieweit er die Mitglieder der Gruppe, den eigenen Partner und den Therapeuten noch will und braucht, welche Partnerinhalte noch gemeinsam sind, wo die Grenzen liegen, und ob die Partnerschaft weitergeführt werden soll.

Diese neu gewonnene Klarheit sollte dann auch zu der Erkenntnis führen, wo und wie der Partner bisher an seiner Selbstfindung und Selbstentfaltung gehindert wurde, weil der andere ihn in sein Manipulationsmuster gepreßt hat. Dieses Erleben der Beeinträchtigung und der Einengung, die dem Partner zugefügt wurde, ist der letzte schmerzhafte Prozeß der Paartherapie.

Jetzt beginnt das Heraustreten aus der Symbiose, aus Verschmelzung und Konfluenz: Jeder muß lernen, daß er den Partner nicht mehr anklagen und beschuldigen, nicht mehr verantwortlich machen und schon gar nicht mehr auf seine Kosten leben kann. Jeder muß sich dem Leben stellen, ohne sich hinter dem anderen verstecken zu können. Das bedeutet oftmals Übernahme neuer Pflichten, z. B. im Haushalt, in der Betreuung der Kinder; für manche Frau heißt es, den Weg zurück ins Berufsleben zu finden, die eigene Ängstlichkeit und Trägheit zu überwinden.

Der Verzicht auf projektives wie auf konfluentes Handeln fällt sehr schwer – daher kommt es auch in diesem relativ fortgeschrittenen Stadium der Therapie oft zu bösen Rückfällen, Ausrutschern oder zur Flucht in eine andere Beziehung – in der Hoffnung, dort unbeschwert vom alten Ballast ein neues Leben beginnen zu können.

Aber selbst wenn der eine oder andere sich an dieser Stelle wirklich entschließt, die alte Partnerschaft endgültig abzubrechen, sollten beide konsequent angehalten werden, bis zum Schluß in der Therapie zu bleiben. Denn nur im Spiegel des Partners kann jeder von ihnen lernen, die eigenen Handlungsmuster zu korrigieren, sich abzugrenzen und autonome Persönlichkeit zu werden. Nicht durch Vermeiden von Kontakt, sondern durch Definition praktikabler Kontaktgrenzen können sie sich selbst finden. Dies ist wichtig, damit sie oder er nicht zerstört zurückbleibt, damit weitere Lebensplanung z. B. in bezug auf die Kinder, sinnvoll erfolgen kann und ein zwar distanzierter, aber vorwurfsfreier Umgang miteinander möglich wird.

Beispiel:

Im Fall der Kaufmannsfamilie kam es im weiteren Verlauf zu der Entflechtung der Erlebnisverschränkung: so begann der Mann für sich selbst einzustehen, indem er den Mut fand klarzustellen, daß er in den letzten Jahren eine Unzahl von Beziehungen zu anderen Frauen eingegangen war, in denen er sich – ohne jede Störung – sexuell ausgetobt hatte. Deutlich wurde aber auch, daß er ihr und sich selbst heimlich beweisen wollte, wie toll er als Mann sei, daß er gar nicht »impotent« sei und nur sie ihn dazu mache. Er nahm damit auch Rache an ihr, die ihn auf Partys und bei Freunden seiner »Impotenz« wegen lächerlich gemacht hatte.

Andererseits konnte sie ihm ihren Haß und ihre Verachtung dafür zeigen, daß er die ganze Familie jahrelang tyrannisiert hatte. Sie erkannte, daß sie wenig gemeinsam hatten, da sie sehr feinsinnig war, sich viel mit Kunst und Natur auseinandersetzte, er dagegen ganz im Jetset aufging.

Leider führte diese so mühsam gewonnene Offenheit zwischen den Partnern zwar zu einer erstaunlichen Zunahme an Lebenssicherheit bei beiden, aber auch zur endgültigen Trennung. Nach 15 Jahren Ehekrieg war jetzt klar, daß die vielen Zerstörungen nicht mehr aufzuarbeiten waren, daß sie sich als Fremde gegenüberstanden, ohne innere Verbindung zueinander. Die Frau fand gemeinsam mit ihren Kindern einen Weg heraus aus der ängstlichen Lebensstimmung, ihre Depression und viele psychosomatische Störungen der Kinder wurden besser – der Mann konnte sich später für eine andere Frau entscheiden und wirklich bei ihr bleiben – aber für die Ehe gab es keine Rettung.

Als Therapeut kann ich zwar sehen, daß die Therapie für die beiden trotzdem kein Mißerfolg war, gleichwohl bleibt in mir eine Enttäuschung zurück. Auch ich muß immer wieder lernen, daß ich kein Paar auf ein Ziel hin festlegen darf noch kann.

Die Phase der Neuorientierung

Der Wechsel von der Integrationsphase zur Phase der Neuorientierung ist natürlich der alles entscheidende Punkt. Anders als in der Einzeltherapie kann jetzt, obwohl ¾ der Therapie so erfolgreich durchgestanden wurde und die Voraussetzungen für einen Neuanfang des Paares viel günstiger sind, mitunter der schwerste Teil der Therapie beginnen. Oft aber kommt es gar nicht mehr dazu.

Es ist nur ehrlich, wenn auch für mich als Therapeut schmerzhaft, einzugestehen, daß die Realität der Partnertherapie oft hinter ihren Zielsetzungen zurückbleibt. Dann muß ich, ohne urteilen oder gar verurteilen zu dürfen, mit ansehen, wie der scheinbar Stärkere den Schwächeren, noch nicht so weit entfalteten Partner verläßt, denn diese Entwicklungsschritte innerhalb der Therapie laufen nur selten bei beiden Partnern gleichmäßig.

Es ist einfach anzuerkennen, daß eine solche Trennung Schmerzen und Kummer verursacht, selbst wenn sie für jeden der Beiden sinnerfülltes Leben erst wieder möglich macht.

Die letzte Phase beginnt mit der formellen und rituellen Neuentscheidung für die Partnerschaft: alte und überholte Partnerinhalte werden bewußt durchgesprochen, mögliche neue werden gesucht, neuerprobtes Verhalten wird in die Partnerbindung integriert.

Diese Neuentscheidung füreinander sollte aber in jedem Fall aus einem Gefühl der Autonomie beider heraus geschehen, also ohne sich abhängig zu machen von Sachzwängen, inneren Hemmungen oder Ängsten. Nur als wirklich selbstständige Persönlichkeit können die Partner sich hingeben, können sie sich dem andern ausliefern, ohne verloren zu gehen, kann Zusammenschlafen gegenseitige Versenkung und Erfüllung sein, kann Geschlechtsverkehr wieder kreativ werden.

So ist denn ein beträchtlicher Teil dieser Phase auch einem neuen und höheren Verständnis von Sexualität gewidmet. Das kann heißen, daß die Partner sich praktisch darin üben, über lange Zeit sexuell zusammenzusein, ohne daß der Mann den Samenerguß anstrebt, es sei denn, beide wollen eine Zeugung. Die körperliche Versenkung wird zur seelischen Begegnung – wird zum ausgedehnten und fröhlichen Liebesspiel. Im Wechsel mit anderen Formen körperlicher Bewegung, wie Massage oder Körperzeichnen, gemeinsame körperverbundene Meditation oder Entspannungsübungen, werden neue Möglichkeiten der Befriedigung ausprobiert. Die leistungsbezogene Orgasmusideologie wird abgebaut, wie es nicht nur im Taoismus, sondern auch in der Carezza-Liebe oder bei Masters und Johnson angestrebt wird.

Ähnlich wie es dadurch im sexuellen Bereich zu Wertumorientierungen beider Partner kommt, müssen alle fünf Säulen der Identität überprüft und erneuert werden.

Die Polspannung von Selbstentfaltung auf der einen und Partnerbindung auf der anderen Seite wird im kreativen Neugestalten genutzt: Lebensplanung tritt an die Stelle alter Gewohnheiten. Bereiche wie Freizeit, Arbeit und Sinngebung werden überdacht. Neuorientierung meint hier mehr als die Reorganisation und Entfaltung der eigenen Persönlichkeit, nämlich: Ausdehnung der Paaridentität zur Partnersynthese. Stellen wir uns noch einmal das Yin-Yang-Sinnbild vor: Beide Partner erweitern zusammen den gemeinsamen Kreis. Damit verlängert sich auch ihre gemeinsame Grenze (die S-Linie), d. h. sie haben mehr Berührungs- und Erfüllungspunkte als je zuvor. Die Grenze bedeutet auch ein formengleiches Sich-Ineinander-Schmiegen, ein Sich-Ineinan-

der-Versenken. Mehr Lebensbereiche, aber auch mehr Partner-
kontakte werden möglich.

Überblick über die Gestalt-Paartherapie

Sie ist grundsätzlich qualitativ verschieden von Einzel- oder
Familientherapie, trifft sich aber mit diesen in Überschneidungs-
bereichen, dort nämlich, wo persönliche Interessen mit Partner-
oder Familieninteressen kollidieren, wo diese Konzepte sich
widersprechen, wo unterschiedliche Strebungen zum Tragen
kommen (vgl. Schmidtchen 1983).
Ihre eigene Form gewinnt die Gestalt-Partnertherapie durch die
schon beschriebenen Ziele der Partnersynthese, durch das therapeutische Vorgehen, durch die Arbeit mit den Partnerstilen und
ganz besonders durch die herausragende Bedeutung der Körperlichkeit in der Therapie. Auch bei Erscheinen nur eines Partners
muß das Vorgehen eindeutig Paartherapie sein.
Partnertherapie ist immer dann angezeigt, wenn die Beiden das
wollen, wenn Konflikte zwischen den Partnern auf die Kinder
abgewälzt werden oder zu Versagenszuständen in Arbeit und
Leistung führen oder starke körperliche Beschwerden hervorrufen. Hier gilt, einleuchtend wie beim Zahnarzt, daß die Heilungs-
chancen um so größer sind, je eher die Paare mit ihren Konflikten
in Therapie kommen. Selbstverständlich sind sexuelle Störungen
oder Unzufriedenheiten, ständige Streitereien, Ausbruchversu-
che, Trennungsabsichten, Langeweile und Erstarrung, gegenseitige Unverträglichkeiten und völlig divergierende Lebensziele
eindeutige Anzeichen für die Therapie-Notwendigkeit.
Das therapeutische Vorgehen ist in diesem und im nächsten
Kapitel zwar beschrieben, bedarf aber sicherlich noch einer
genaueren und detail-getreuen Ausarbeitung. Gleiches gilt für
die Arbeit mit gleichgeschlechtlichen Paaren, für die Vorbeugung und Vorbereitung auf Konflikte und Partnerwechsel. Noch
weniger ist es in diesem Rahmen möglich, einen umfassenden
Katalog von Interventionstechniken vorzustellen, denn die Band-

breite der Arbeitsmöglichkeiten zwischen Entfaltung, Abgrenzung und Hingabe/Verschmelzung, zwischen Finden von Alternativen und Erhalten von Bestehendem, zwischen Individuation und Partnerbindung würde dadurch unzulässig eingeschränkt.

Die Haltung des Therapeuten ist am ehesten als engagiert zu charakterisieren. Er ist dadurch weder in besonderer Weise zurückhaltend oder gar abstinent, wie in der Psychoanalyse, aber auch nicht zentriert auf die Persönlichkeit des Klienten, wie in der Gesprächstherapie, sondern er begegnet dem Paar mit personaler, sozialer und professioneller Kompetenz. Er zeigt sich dabei ganzheitlich, d. h. mit eigenen Anteilen von Wahrnehmung, Stimmung und persönlicher Lebensweise, aber auch durch sein Angerührtsein vom Erleben und Schicksal des Paares. Bis zu einem gewissen Grad wird er selbst Partner für die Gefühle, Herausforderungen, Verletzungen, Schmerzen und Angriffe der Beiden, tritt mit seiner eigenen Stärke und Schwäche, mit seiner Anziehung und Ablehnung, mit therapeutischer Autorität und persönlicher Wärme in Beziehung zu Frau und Mann, gibt seine Ziele und Absichten, seine Hoffnungen und Enttäuschungen in bezug auf die Beiden zu erkennen – und läßt eine begrenzte Beziehungsaufnahme von seiten des Paares zu. Jede länger dauernde Parteinahme für Frau oder Mann wirkt zerstörend, ebenso wie die Hinzuziehung eines möglichen Dreieck-Partners. Dagegen ist das Einbeziehen der Kinder des Paares oder der Eltern/Schwiegereltern für eine kurze Stundenzahl äußerst förderlich.

Infolge dieser doch engen Verflechtung zwischen Paar und Therapeut und seiner hohen persönlichen Eingabe ist es in besonderem Maß nötig, daß er sich einer fachlichen Kontrolle, der sogenannten Supervision, unterwirft. Dies gilt um so mehr, da wissenschaftliche Erfolgskontrolle in diesem Bereich nur schwer möglich ist. Die besondere Beziehungsstruktur zwischen Paar und Therapeut im Vergleich zu anderen Therapieformen verlangt besondere Kontrolle.

5 Partnertherapie in Gruppenform mit Übungsbeispielen

Gestaltarbeit mit Paaren in Gruppen ist besonders spannend, oft überraschend, sehr lebendig und abwechslungsreich, doch auch mit bemerkenswerten Schwierigkeiten verbunden. Von den Vor- und Nachteilen und davon, wie am besten damit umzugehen ist, soll im folgenden die Rede sein. Die gegenüber anderen Therapieformen erhöhte Komplexität des Geschehens und die Vielfältigkeit der Ebenen, auf denen sich der Prozeß abspielt, erfordert Kraft und Konzentration von allen Beteiligten, die Therapeuten brauchen dafür viel Substanz und Stabilität.

Besondere Vorteile

Zahlreich und eng mit der Eigenart von Gestalttherapie verbunden, sind die Vorteile. Es ist daher nötig, bestimmte Vorgehensweisen im einzelnen vorzustellen und ihre besondere Gültigkeit für die Partnerarbeit aufzuzeigen. Nur so können die folgenden Übungsbeispiele verstanden werden.

Im wesentlichen sind es drei zentrale Bergriffe, die typisch und entscheidend für diese Arbeit stehen: Integration, Prozeßorientierung, Erlebnisorientierung. Sie stellen sozusagen das »Markenzeichen« der Gestalttherapie dar – in der Partnertherapie erweisen sie sich noch zusätzlich als sinnvoll.

Die integrative Vorgehensweise

Der Begriff der Integration kennzeichnet seit der Entwicklung der Gestalttherapie durch Fritz Perls das Ziel dieser Arbeit und menschlicher Entfaltung überhaupt. Hilarion Petzold hat ihn später noch um den Begriff der Kreation ergänzt (Petzold 1979). Die Fähigkeit zu Liebe und Partnerschaft geht in dem Maße verloren, in dem der Mensch auf Einseitigkeit reduziert wird und ganzheitliche Begegnung unterbleibt. Nur falsch verstandener Fortschrittsglaube trennt die Welt in Liebe und Arbeit, in Erholung und Leistung, in Politik und Privatleben, in Romantik und Sachlichkeit. Um zu überleben, geht es in Wirklichkeit gerade um die Zusammenführung, die Integration all dieser Bereiche zu einem ganzheitlichen Leben und Erleben.

Hier greift die Gestalttherapie auf die Quellen des Taoismus zurück: im Yin-Yang-Symbol wird deutlich, daß die von uns erlebten Gegensätze hell–dunkel, Leben–Tod, Trauer–Freude, Leid–Glück, Frau–Mann, Liebe–Haß, in Wirklichkeit als zusammengehörig, einander ergänzend und somit als Einheit begriffen werden müssen. Es sind nicht mehr Gegensätze, die sich im Leben ausschließen, sondern die erst in ihrer Verbindung Leben ermöglichen.

Auf unser Thema bezogen, meint integratives Vorgehen also:

- Partnerarbeit führt alle Qualitäten menschlichen Seins zusammen: Körperlichkeit, Gefühlserleben und Geisteskraft, Imagination, Unbewußtes und Triebleben.

- Durch ihre Partnerbindung werden Mann und Frau zur sinnvollen Einheit.

- Selbstentfaltung und Partnerbindung gehören notwendig zusammen.

- Der Umgang der Partner miteinander, sichtbar in ihren Partnerstilen, wird grundsätzlich als Wirkgefüge verstanden. Wie die Krise des Paares sich auch darstellen mag, beide werden gleichermaßen als Verursacher angesprochen.

- Die Arbeit konzentriert sich nicht auf die Suche nach Glück und Liebesfreuden oder deren Beschaffung, sondern verbindet diese mit der Trauer, dem Schmerz und der Einsamkeit.

- Partnerschaft wird damit über die Therapie hinaus zu einem ständigen Prozeß von Veränderung und Neuintegration.

Die prozeßorientierte Vorgehensweie

Prozeßorientierung macht den Klienten zum Maßstab des therapeutischen Geschehens: er ist es, der – entsprechend seiner inneren Struktur und seiner Geschichte – die Themenbereiche, das Tempo und die Tiefe seiner Arbeit wählt. Der Fluß der Lebensgeschichte kommt dadurch wieder in Bewegung, daß der Klient seinen Ängsten entlang zu inneren Blockierungen findet und – ermutigt durch den ihn begleitenden Therapeuten – wagt, diese Ängste offen auszubreiten. Zu beachten dabei ist lediglich, daß der Therapeut »den Fluß nicht unnötig vorantreibt, denn er strömt von selbst« (Perls 1969).

Gesteuert wird dieser Prozeß vielmehr durch »die Weisheit des Organismus« und seine Kraft zur Selbstheilung, die jeder von uns in sich trägt. Diese organismische Selbstregulierung ist vorstellbar als ständige innere Bewegung im Menschen, durch die die verschiedenen Lebensbedürfnisse nacheinander in den Vordergrund treten, so lange, bis sie Befriedigung gefunden haben. Dann tauchen sie zurück in den Hintergrund – ein neues Bedürfnis wird deutlich (vgl. Süss 1978).

Dieses Regulationsprinzip, das durch individuelle Störung, äußere Einflüsse oder phasenhafte Bedingung unterbrochen wurde, wieder in Gang zu setzen, ist therapeutische Voraussetzung für den oben beschriebenen Vorgang der Integration, d. h. der (Wieder-) Eingliederung alter und neuer Einflüsse, der Verarbeitung von Konflikten, der Heilung seelischer Verletzungen.

Bei einem Paar, das miteinander in Streit und Hader liegt, ist eben dieser Kreis gegenseitiger und persönlicher Bedürfnisbefriedigung unterbrochen und blockiert. Um ihn wieder in Gang zu setzen, wird in der Gestalt-Paartherapie mit dem Lebens- und Biorhythmus der beiden gearbeitet: dem Wechselspiel von Höhen und Tiefen, Zärtlichkeit und aggressiver Auseinandersetzung, Abkapselung und Vereinigung. Zusammenhänge zwischen Lebensgeschichte und Paargestaltung werden hier zur Richtschnur der gemeinsamen Arbeit.

Das Einüben bestimmter Kommunikationsregeln, Verhaltenstraining und Veränderung von Systemstrukturen rücken dadurch in den Hintergrund. Dann stehen auch nicht die Methode, die therapeutische Technik oder der Therapeut als Halbgott im Zentrum der Aufmerksamkeit, sondern die Partner selbst. Diese wiederum erleben sich unmittelbar, ganz direkt und ohne Filter. Daß sie sich schließlich ungeschützt einander gegenübertreten, ohne die in harten Partnergefechten erworbenen Sinnlosstrategien gegenseitiger Anklage und Schuldaufrechnung, wird erst allmählich möglich sein.

Diese wenigen Worte vermögen nur schwer die Fülle auszudrükken, die dahinter verborgen liegt: In dieser Therapie tauchen noch einmal alle Schatten der Vergangenheit auf. Wie auf einer Bühne entwickelt sich Szene für Szene, wobei die Paare einander Schauspieler und Zuschauer sind. Dramatisches Geschehen wechselt mit komödienhafter Heiterkeit, die Kulissen ändern sich in rascher Folge, immer neue Mitspieler treten aus dem Vorhang; Rollen, die aus dem Leben gegriffen sind: Liebhaber, Buhlen, Mütter, Tyrannen, Mörder, Verlassene, Hagestolze, Sadisten, Krankenschwestern, Moralisten und Weltverbesserer, Trunkenbolde und Schürzenjäger, Huren und Heilige in einem Stück mit dem Titel »Szenen einer Ehe«.

Wer aber ist jeweils der Autor, wer der Regisseur? Bald ist zu erkennen, wie die Partner »ihr Stück« inszenieren, welche Rollen sie selbst einnehmen, wie sie das Drama ihrer Beziehung selbst dem tragischen Höhepunkt zutreiben, wie oft zur Schmierenkomödie verdirbt, was einst als große Oper begann – Schicksalsverläufe, die mich als Therapeut tief berühren und traurig werden lassen. Schließlich ist die Therapie zu Ende, der Vorhang fällt: wird er sich für das Paar zu einem neuen Akt der Gemeinsamkeit heben? Die Spieler entscheiden selbst! (Vgl. Petzold 1982)

Die erlebnisorientierte Vorgehensweise

In einer solchen Paargruppe geschieht der heilende Prozeß durch das Erfahren seiner selbst und des anderen, vor allem aber durch das sich schließlich zur Gewißheit verdichtende Erleben: ich bin es selbst, der das Stück schreibt; ich bin es, der die Beziehung gestaltet, ich bin es, der aufbaut oder zerstört und der durch seine Liebe zum Partner die Bindung heilt.

Erleben meint mehr als nur richtige Einsicht:
Im Erleben geschieht Einsehen durch Ansehen, Erfassen durch Anfassen, Einfühlen durch Anfühlen, Anrühren durch Berühren, Begreifen durch Angreifen und Ergreifen, Verstehen im Durchstehen von Höhen und Tiefen, Vergeben durch Hingeben, Lieben durch Leben.

Gestalt-Partnertherapie geschieht also vor allem »in Aktion«, durch Handlung, im wahrsten Sinn des Wortes geht sie »unter die Haut«, wird sie immer wieder zum »Aha-Erlebnis«, das den gesamten Menschen, von oben bis unten, erfaßt: seinen Kopf, sein Herz und seinen Bauch im Denken, Fühlen, Ahnen und Wissen. Für den Betroffenen, den Partner und die Gruppe wird dann ohne Erklärung deutlich, wie die Szene umgeschrieben werden muß, damit die Liebe nicht verloren geht.

Ein Fallbeispiel, das für viele Eheproblematiken kennzeichnend ist und hier therapeutisches Durcharbeiten im Sinne integrativen, prozeßorientierten und erlebnisorientierten Vorgehens zeigt:

Beispiel:
Initialphase:
Ein attraktives Paar (Anfang 30, Jurist/Lehrerin), 2 Kinder, kommt in die Gruppe mit dem Problem häufiger Streitigkeiten, männlicher Tyrannei und weiblicher Hilflosigkeit sowie seiner rigorosen Ablehnung ihres Wunsches nach einem dritten Kind.
Er begründet sein Verhalten damit, daß sie zu Hause mit dem Haushalt nicht klarkomme, daß ihr die beiden Kinder jetzt schon manchmal zuviel seien, daß sie ihn immer um Hilfe angehe, nervös sei, wegen Kleinigkeiten in Tränen ausbreche, sich an ihn klammere. Alles in allem müsse sie selbst erstmal erwachsen werden.
Sie hingegen klagt ihn an, daß er ständig wegen der Arbeit weg sei oder sonst mit Freunden beim Sport, daß er sich nicht um sie und die Kinder kümmere, mit ihr nicht zärtlich sei und nur Sex fordere, sie sogar schon geschlagen habe. Besonders deshalb habe sie sich körperlich ganz

verkrampft und verschlossen, sie fühle sich in letzter Zeit ganz allein und verlassen.

Aktionsphase mit Durcharbeiten:

Ohne mehr zu wissen, beginnt an dieser Stelle der Therapeut mit dem Schlüsselsatz: »Ich fühle mich allein und verlassen« die Tiefung, in dem er ganz simpel nachfragt:

Th.: Kennst Du dieses Alleinsein auch aus anderen Situationen in Deinem Leben?

Kl.: (Senkt die Augen, dann den Kopf – atmet tief ein und aus) – Schweigen.

Th.: Spür mal – was geht jetzt in Deinem Körper vor?

Kl.: (schweigt weiter – ballt die rechte Hand leicht – Füße pressen gegen den Boden) – Schweigen.

Th.: Was tun die Füße jetzt – was will die rechte Hand?

Kl.: Ich spüre Wut – bei der Geburt schon des ersten Kindes hat er sich kaum um mich gekümmert und bei der zweiten war er verreist – mit der blöden Bemerkung: Du schaffst das schon. (Mann schaut unsicher grinsend in die Runde – sie duckt sich etwas).

Th.: Bleib ruhig mal bei der Wut – oder willst Du Dich lieber ducken?

Kl.: (atmet schneller, rutscht auf Stuhl hin und her, wird weinerlich) zum Mann, etwas flehend: Wenigstens dann kannst Du doch für mich da sein – ich verlang doch nicht viel . . .

Th.: Was tust Du jetzt?

Kl.: – – Ich wein' gleich wieder

Th.: Wo ist die Wut?

Kl.: Schweigt – ballt aber wieder die Faust – – dann: Ja, einmal will ich Dir wenigstens meine Meinung sagen: . . . (sie beginnt allmählich, immer lauter wütend zu schreien, ihm seine sture, rigide Haltung an den Kopf zu werfen, seine Besserwisserei – schließlich steht sie auf und schlägt auf ihn ein – er wehrt sich schüchtern, blaß.) Nach dem Kampf bricht sie zusammen und weint.

Th.: Ja, gut, – weine mal – spür mal, an was Du Dich jetzt erinnerst?

Kl.: (seufzt – weint, wird ganz klein – auch mit der Stimme) erzählt, daß sie als Kind vom Vater nie gestreichelt wurde, die Schwester wurde bevorzugt und saß immer bei ihm auf dem Schoß, für sie war kein Platz mehr. Sie bleibt lange in der Situation, am Boden hingekauert, die Arme über den Kopf geschlagen.

Th.: Fühl jetzt Deine ganze Verlassenheit, Dein Klein-Sein, wie ist es für Dich, so allein auf der Welt zu sein?

Kl.: Schluchzt laut auf, zieht sich auf dem Boden in embryonaler Stellung zusammen.

Nach längerem Verbleiben in dieser Stellung und Schilderung ihres Leides wird sie ruhiger, bleibt aber liegen . . ., schaut sich dann um.

Th.: Ich mache Dir einen Vorschlag: such Dir hier mal einen Vater aus, zu dem Du Dich auf den Schoß setzen magst!

Kl.: Kann ich nicht. – Schweigen.

Th.: Doch.

Kl.: dreht sich, wendet sich – »Soll ich?«

Gruppenmitglieder: Ja!

Sie gibt sich sichtbar einen Ruck. Dann sucht sie sich den größten und stärksten, keineswegs sensiblen Mann in der Gruppe aus und kuschelt sich schließlich so in ihn hinein, daß sie fast verschwindet. Dort weint sie nochmal heftig. Als der Mann sie nach einer Weile wirklich fest umarmt, guckt sie erstaunt hervor, richtet sich schließlich etwas auf, legt ihre eigenen Arme um ihn – schaut ab und zu in die Runde, erst verschmitzt, lacht dann – und er mit. Beide küssen sich zum Abschied. Sie geht zu ihrem Stuhl zurück. – Doch, gerade bevor sie sich setzt, dreht sie sich um, steckt einen Finger in den Mund, visiert ihren Mann an und geht – zögernd erst, auf ihn zu. Dann, ganz rasch, jeder Abwehr zuvorkommend, umarmt und küßt sie ihn. Verunsichert, schwankend läßt er sich darauf ein – daraus entsteht intensiver Austausch von Zärtlichkeit. Ebenso spontan sagt sie dann plötzlich: Jetzt reicht's – küßt ihn noch mal und setzt sich wirklich auf ihren Stuhl. Die Gruppe klatscht fröhlich Beifall – es bedurfte keiner Erklärung.

Die Klientin hat, durch ihre Arbeit von ihrer ängstlichen Abhängigkeit vom Vater befreit, in der Gruppe ihr Nachholbedürfnis gestillt und so die Kraft gefunden, sich selbst von ihrem introjektiven Partnerstil zu lösen und sogar die Starre des Partners zu durchbrechen. Wie sich in der nächsten Sitzung eine Woche später zeigte, wehrte er sich so stur und machte sich unzugänglich, weil er, als einziger Junge, zu Hause für seine eigenen Zärtlichkeitswünsche immer bestraft worden war (Retroflektiver Partnerstil). – Heute hat das Paar vier Kinder, alle sechs sind sehr fröhlich geworden.

Besondere Nachteile

Die Nachteile vorzustellen, fällt, da sie so verständlich sind, fast noch leichter. Das Polaritätsprinzip beinhaltet ohnehin, daß alles, was Vorteil bedeutet, gleichzeitig auch Nachteil mit sich bringt – sowohl im methodischen Vorgehen als auch in der persönlichen Betroffenheit. Was letztere angeht, so habe ich sie bisher gelegentlich angedeutet; hier will ich das Notwendige dazu sagen: Die gestalttherapeutische Vorgehensweise mit ihrem hohen Maß an Berührung und Tiefung, mit ihrer Arbeit auf allen menschlichen Ebenen und der Beteiligung von Klienten *und* Therapeuten am Geschehen erfordert ein hohes Maß an Kompetenz. Andererseits bedeutet der Verzicht auf berufliche Verhaltensmaßregeln, auf die Einordnung der Klienten in klinische Kategorien oder Systeme, das Fehlen meßbarer Verhaltensziele auch gefährliche Freiheit.

Tiefer aber noch bewegt mich speziell in der Paartherapie die oftmals allen sichtbare Ausweglosigkeit der Partner, die durch äußere Zwänge und innere Zerstörung schier unlösbare Verklammerung der Beziehung. Praktisch sieht das so aus: Eine Trennung kommt gar nicht in Frage wegen der dann drohenden finanziellen und existentiellen Not, wegen der leidenden Kinder, der gänzlichen Abhängigkeit des einen vom anderen – aber ein Zusammenleben in Frieden, geschweige denn in Liebe ist erst recht nicht möglich. Ein ganzes System von Zwängen fesselt die beiden aneinander, zugleich aber sind sie durch seelische Abgründe getrennt, als lägen Welten zwischen ihnen!

Noch schlimmer ist es manchmal zu sehen, wie die beiden das Glück, das greifbar vor ihnen liegt, mutwillig und leichtfertig preisgeben, und ich stehe ohnmächtig dabei – mit meiner Erfahrung, meinem Wissen, mit einer einleuchtenden Theorie und mit meinen eigenen Träumen vom Glück.

An solchen Punkten der Arbeit angelangt, habe ich mich oft gefragt, warum ich mir diesen Arbeitsbereich gewählt habe . . . Wahrscheinlich ist es das: Meine eigenen Phantasien und Hoffnungen, meine Sehnsucht, meine Wünsche, meine Träume von

Liebe und Partnerschaft haben mich bei dieser Berufswahl begleitet und begleiten mich noch – durch die Geschichte meiner eigenen Ehe hindurch mit ihren Höhenflügen und oftmals ausweglosen Zerwürfnissen, bei jedem Paar, das neu zur Therapie kommt, und auch beim Schreiben dieses Buches.

Darin erweist sich persönliche Betroffenheit aber zugleich als die Kraft, die nicht in der Resignation steckenbleibt, sich nicht damit begnügt, eine »Kameradschaftsehe« zu empfehlen oder Regeln des Zusammenlebens einzuüben, sondern zur lebendigen Auseinandersetzung ermutigt.

Tatsache ist allerdings, daß nicht alle Paare in der Therapie Hilfe finden. Schlimmer noch: was der eine als Hilfe empfindet, scheint für den anderen oft der Untergang zu sein – manchmal erkennt er erst nach Jahren die positive Wende. Erfolgsmessungen über Paartherapie sind deshalb besonders kompliziert und selten (vgl. Schrand 1983).

Schwierigkeiten und Nachteile im einzelnen:

Das *integrative Vorgehen* der Gestaltmethode führt notwendig zu einer erheblichen Vielfalt der Ebenen, auf denen sich die Paararbeit abspielt. Dadurch wird das Geschehen mitunter so komplex, daß es nur schwer gleichzeitig zu erfassen ist: Da treten in einer Situation die Gefühle des Paares füreinander neben die Gefühle jedes Partners für die einzelnen Gruppenmitglieder und umgekehrt, die Beziehungen zu Männern und Frauen und zum Therapeuten (multilaterale Übertragung), die körperliche Ebene mit ihren zahlreichen Ausdrucksformen, da laufen sachliche Überlegungen neben Phantasie und Traumvorstellungen ab, Machtkämpfe des Paares neben Rivalitäten in der Gruppe; da stoßen Außenprobleme wie Kinderversorgung, Umwelt-Zwänge, Existenzsicherung auf persönliches Freiheitsstreben mit parallel laufenden Partnerwünschen, gefährden zu starke Trennungswünsche den Gruppenzusammenhalt, kollidiert die Veränderung des einzelnen mit der Entwicklung der Partnerschaft.

Weitere Schwierigkeiten werden durch die *Prozeßorientierung* hervorgerufen. Dadurch fehlt sozusagen die für alle Teilnehmer verbindliche Gebrauchsanleitung; Regeln, Normen, Lernziele, Systeme und Strukturen, richtig oder falsch – all das gibt es gar nicht als Orientierungshilfen. Zwar ist ein Ziel da, nämlich: Werde, der Du bist! Aber der Weg dahin scheint verschlungen wie ein Labyrinth, denn er verlangt: Entfaltet Euch durch die Partnerschaft und alle ihre Möglichkeiten!

Lebensgeschichten und Wunschziele, persönlicher Rhythmus und ständige Veränderungen prallen hier aufeinander. Kaum ist ein Bedürfnis befriedigt, tauchen neue auf, Sinn- und Wertvorstellungen der Partner verschieben sich. In diesem Chaos von Egoismus und Narzißmus, von Abhängigkeit und Unterwerfung, von Lebensangst und Ausbruchversuchen – ein Chaos, in dem wirklich alle menschlichen Leidenschaften aufeinandertreffen, will es doch scheinen, daß feste äußere Verhaltensanweisungen hilfreich wären. Tatsächlich trifft dies wohl auch zu, wenn bei einem Paar besondere Krisenintervention nötig ist, weil es sich z. B. auf dem Gipfel seiner Auseinandersetzungen befindet oder im jahrelang eingeübten Dauerstreit vor Haß erstickt. Ein solches Paar braucht zunächst von therapeutischer Autorität gesetzte »Waffenstillstandsregelungen«, um überhaupt wieder Zeit, Aufmerksamkeit und Kraft auf positive Möglichkeiten und Ziele lenken zu können.

Die *Erlebnisorientierung* der Gestaltmethode schafft noch zusätzliche Probleme:

Das Ziel neuer partnerschaftlicher Gemeinsamkeit und Innigkeit wird hier nicht erreicht durch Wissen und Erfahrung des Therapeuten, durch einsichtige Theorien und entsprechende therapeutische Techniken – hilfreich ist allein das Erleben der Paare, zwischen sich wieder Leben und Liebe fließen lassen zu können, die Verhaltensänderung läuft nur über das innere Empfinden. Deshalb wird die Enttäuschung bei den Paaren in dieser Arbeit über ausbleibende, handfeste Lösungsstrategien auch immer wieder auftauchen.

In einer so freien therapeutischen Situation macht zuerst jeder sein eigenes Erleben zum Maßstab: ist er durch die Therapie frei von alten Ängsten und Hemmungen, will er oft geheimste Wünsche realisieren. Gerade in den Bereichen Intimität und Zuwendung, Geben und Empfangen von Zärtlichkeit und Sexualität tritt dann eine Dynamik ein, frei vom Ballast alter Normen, die schnell ins andere Extrem umzuschlagen droht. Aber mit der sich anbahnenden sexuellen Befreiung muß gerade die Partnerschaft existieren können. Oft steht etwas naiv die Annahme im Vordergrund, wenn nur Orgasmus möglich ist, möglichst noch ohne Schuldgefühl, ist das Ziel erreicht. Natürlich ist es nicht Aufgabe des Therapeuten, um jeden Preis zu verhindern, daß einzelne aus der Gruppe sich zur sexuellen (Selbst-)Befriedigung und Emanzipation einen anderen als den eigenen Partner suchen; fällt diese neue Partnerwahl aber gerade auf ein Gruppenmitglied, wächst die Gefahr von Agieren und von Spaltung oder Auflösung der Gruppe schnell, die in Paargruppen sowieso stark gegeben ist.

Damit stoßen wir auf eine weitere, nicht mehr »Gestalt«-abhängige, aber ständig vorhandene Schwierigkeit von Paargruppen: Der *Gruppenzusammenhalt* ist in der Regel zu Anfang höher als in Einzelgruppen, zerbricht aber in der Integrations- und Neuorientierungsphase leicht, wenn Paare sich trennen oder sich endgültig scheiden lassen oder eben Außenbeziehungen anknüpfen. Der in solchen Fällen häufigen Konsequenz, die Gruppe verlassen zu wollen, muß von der ersten Sitzung an entgegengewirkt werden, denn einer Auflösung an dieser Stelle stattzugeben hieße, den therapeutischen Prozeß nur zu drei Vierteln zu Ende zu bringen, statt eine reife Entwicklung anzustreben.

Da frühzeitige Aussteiger jedoch nicht immer zu vermeiden sind, hat es sich als günstig erwiesen, nach Möglichkeit zwei Paargruppen parallel in Therapie zu haben, um diese in der Schlußphase zusammenführen zu können. Dadurch entsteht für die langsameren Gruppenmitglieder auch nicht ein so massiver Druck, die Behandlung abbrechen zu müssen.

Schwierig ist ferner, das *Schaukelprinzip* zwischen den Partnern abzubauen: geht es dem einen endlich mal gut, geht der andere in den Keller. Prompt fühlt sich der erste wiederum gebremst und bestraft. Dieser Effekt ist überhaupt nicht zu umgehen. Auf keinen Fall sollte er durch vorzeitige Harmonisierung vermieden werden. Die Partner müssen gerade lernen, mit den starken und schwachen Seiten des jeweils anderen gut zu leben.

Besonders kompliziert wird Paar-Gruppentherapie durch die gegenüber der Einzeltherapie verstärkt auftretenden Variationen von *Widerständen,* die die Partner gemeinsam oder abwechselnd gegen die notwendige Verhaltensänderung vorbringen. Oft zeigt sich einer der beiden endlich bemüht, gutwillig und zum Neuanfang bereit, da wendet sich der andere brüsk ab. Oder beide tun sich zusammen, um den Therapeuten »kleinzukriegen«, bekämpfen sich aber – allein zu Hause – wieder untereinander. Oder der eine verbietet dem anderen, bestimmte Dinge in der Gruppe zu sagen oder reagiert eifersüchtig auf Sympathiezeichen der Gruppe für den anderen. Versuche, Gruppe und Therapeut zum Zeugen eigenen Leidens oder zum Schiedsrichter zugunsten der eigenen Seite zu machen; es nicht ertragen zu können, wenn der andere an seiner Lebensgeschichte arbeitet; den Therapeuten zu vergöttern, den eigenen Partner aber zu erniedrigen – all das liefert immer wieder neue Verwirrung. Das Aufnehmen, Durcharbeiten und Klären von Beziehungen jeder Art in der Paargruppe gehört deshalb naturgemäß zur Hauptarbeit.

Auf eine weitere Schwierigkeit sei hingewiesen: Die beiden Trainer der Gruppe, am besten ein Mann und eine Frau, sollten als solche selbst partnerfähig sein, sich gut verstehen und liebevoll miteinander umgehen können. Da das Therapeutenpaar von den Teilnehmern ganz schnell auf die eine oder andere Art als Paar gesehen wird, dienen sie in hohem Maß als Modell für Geben und Nehmen, für Nähe und Geborgenheit, für zarten Umgang und Gewährenlassen, aber auch für direkte, offene Kommunikation und für streitbare Auseinandersetzung, die den anderen trotzdem achtet.

Diese Art von Paar-Gruppentherapie erweist sich damit als schweres Unterfangen, lohnt sich aber doch in hohem Maß. Die folgende Darstellung des Verlaufes solcher Arbeit zeigt dies.

Der therapeutische Ablauf in Übungen

Hier soll kein Rezeptbuch zusammengestellt werden, zumal Gestalttherapie nicht fest strukturiert und in vorprogrammierten Übungen abläuft. Anhand des Übungsablaufs soll vielmehr der »rote Faden« demonstriert werden, von dem im vorigen Kapitel die Rede war. Statt der hier dargestellten Übungen können auch andere eingesetzt werden, denn die innere Stimmigkeit der Phasen ist wichtiger als der äußere Rahmen. Auch werden Übungen hier nicht als Spiel, Training oder mit Lernziel vorgegeben, sondern sie sind in ihrer Wirksamkeit am ehesten den Deutungen der analytischen Therapie vergleichbar: zum falschen Zeitpunkt gegeben, verfehlen sie ihren Zweck, während sie im richtigen Moment entscheidende Einsicht, Verstehen und Verhaltensänderungen bewirken können.

Übungen können als Intervention mit verschiedener Zielsetzung gegeben werden:

a) zur Einleitung eines Prozesses,

b) zur Vertiefung eines Prozesses,

c) zur Prägnanz-Gewinnung,

d) zur Auseinandersetzung und Differenzierung von aufgearbeitetem Material.

Wenngleich für die Gestalt als oberste Regel gilt, mit den Gefühlen, Wahrnehmungen und Erlebnissen zu arbeiten, die im Vordergrund stehen, bleibt doch die katalysatorische Aufgabe für den Therapeuten. Die Paare kommen ja meist in einem Zustand von erstarrtem Chaos, sind gefangen in der Krise – manchmal schon jahrelang.

Von daher ist es wenig sinnvoll, die Gruppenarbeit völlig unstrukturiert und ohne Einstiegshilfen zu beginnen. Sonst würde die Gruppe Monate brauchen, um überhaupt hilfreich miteinander sprechen zu können, und sie würde vermutlich in den Manipulationstechniken der Paare untergehen. Daher werden im folgenden Einstiegshilfen, Inhalte und Übungen aufgezeigt, wie sie entsprechend dem inneren Konzept als therapeutische Interventionen wirksam werden können.

Für die Zusammmenstellung der Paare gelten die Regeln der Einzelklienten-Gruppen: nicht mehr als 4 bis 6 Paare, ob gemischt hinsichtlich Problem, Schichtzugehörigkeit und Alter, ist unerheblich. Möglichst unterschiedlich sollte dagegen das Verhaltensmuster der einzelnen sein. So würden mit einem zu hohen Anteil Gehemmter und Passiver sehr zähe, oft langweilige Sitzungen allen vorzeitig die Lust nehmen, während ein zu hoher Anteil von Aggressiven und Beschuldigern oft zu belastend ist, weil dann die ganze Atmosphäre sehr feindlich wird. Die einzelnen Partner brauchen außerdem Modelle für die Bandbreite von Reaktionsmöglichkeiten im Umgang miteinander.

Beziehungen und Aktivitäten der Gruppenmitglieder außerhalb der therapeutischen Sitzungen scheinen sehr förderlich, da sie helfen, die soziale Kompetenz der einzelnen zu erweitern. Wichtig ist dabei nur, daß die Erfahrungen von dort wieder in die Gruppe eingebracht werden.

Zu Phase I:

Beginnen Sie nicht mit der Erörterung organisatorischer, technischer, sachlicher oder verhaltensregelnder Daten. Das verdirbt Ihnen viel und ermuntert auch künftig zu Vermeidungen problematischer Inhalte. Sinnvoll ist, in ganz kurzen Sätzen anzudeuten, daß nun zwar die Paartherapie beginnt, der Anfang aber bei jedem selbst gemacht werden soll. Denn nicht die Probleme sind zu Beginn wichtig, sondern deren Träger. Jeder soll erstmal sich selbst erfahren, denn nur auf dieser Grundlage werden die Probleme verständlich.

Gar keine Einleitung zu geben, bewirkt ziemlich sicher, daß Schweigen eintritt, würde also nur der Einschüchterung der Klienten und dem Machtgewinn des Therapeuten dienen – und gar nichts klären, denn es ist normal, in einer so fremden Situation unsicher zu reagieren. Daraus gleich eine therapeutische Selbsterfahrung abzuleiten, wäre daher sinnlose Überforderung.

▶ Dann ist die erste Viertelstunde der *eigenen Wahrnehmung* gewidmet: Ohne zu sprechen, mit geschlossenen Augen, soll jeder in der zuvor innegehabten Stellung erstarren. Körperhaltung, Gesichtsausdruck, Spannungen und Verkrampfungen, gar nicht gespürte Körperteile oder vernachlässigte, von jedem selbst als gut oder schön empfunden – all das spricht der Therapeut kurz an, fordert auf zur weiteren Wahrnehmung der damit verbundenen Gefühle. Entspannung ist hier nicht das Ziel.

Ohne zu intensiv zu werden, da die Angst der einzelnen noch gar nicht einzuschätzen ist, geht der Therapeut nach 15 bis 20 Minuten zu einer Übung über, die die Wahrnehmung der anderen zum Inhalt hat, wie z. B.:

▶ *Fluidum:* Alle gehen im Raum umher, begegnen sich – betrachten sich; versuchen, die Ausstrahlung des anderen zu fühlen, indem sie dicht bei diesem stehenbleiben, ohne ihn zu berühren. Die Therapeuten machen mit, beobachten aber auch genau die unterschiedlichen Reaktionen der Teilnehmer.

▶ Als dritter Schritt kann dann nach weiteren 15 Minuten – wieder ohne Zwischengespräch – mit der *Erster-Eindruck-Übung* begonnen werden, die bis zum Schluß der Sitzung dauert. Die Teilnehmer teilen sich, indem immer einer in der Mitte sitzt und gerade Empfänger ist, ihren vorläufigen Eindruck voneinander mit, ohne daß der jeweilige Empfänger dazu Stellung nimmt.

Weitere »Anfängerübungen« mit theragnostischem* Wert können das »Zeichnen der Partnersituation« sein, aber auch die »vertiefte Problemvorstellung in gewählter Zweiergruppe«, die weitere »Eigenvorstellung mit Selbstimage«, die Klärung von »Reservation und Attraktion« anderen Gruppenmitgliedern gegenüber.

Hierbei können Folgeübungen angehängt werden, die der beginnenden Auflösung des introjektiven Stiles dienen, also z. B. bei verschiedenen Gruppenmitgliedern »Wünsche anmelden«. Wichtiger und vordringlicher sind aber eben alle Übungen, die der Selbstwahrnehmung dienen, dem Wiedergewinnen von Empfindungen dafür, was sich in mir selbst abspielt.

Erst das nächste Stadium dieser Phase sollte die genauere Darstellung des eigenen Partners zum Inhalt haben, die Vorwürfe

* Theragnose: Ausdruck für die Gestalt-typische Verknüpfung von Thera(pie) und (Dia-)gnostik (nach Rainer Frank).

und Klagen gegen ihn, die Aufzählung der Verletzungen, Demütigungen und Vertrauensbrüche. Die therapeutischen Tiefungen gehen jetzt auch weiter und werden in Zusammenhang mit der eigenen Lebensgeschichte vorgetragen. Auch hier eignet sich sehr gut die zeichnerische Darstellung des »Partnerpanoramas«, d. h. die gemeinsame Zeichnung der miteinander erlebten Geschichte. Nach einem solchen Ablauf, der zeitlich zwei bis drei Monate umspannen kann, fällt es leicht, in die folgende Phase von »lebensgeschichtlicher Aufarbeitung« einzusteigen.

Zu Phase II:
In dieser Phase entspricht das Vorgehen zunächst dem üblichen gestalttherapeutischen: tiefenpsychologisch aufdeckend, wie von selbst fließend, ohne zu zwingen. Die Arbeit des einen führt über Identifikation und Modell zur Arbeit des anderen; Widerstände können gleichzeitig abgebaut werden, die größere Tiefe führt zu mehr Akzeptieren, mehr Verständnis und Mitfühlen beim Anderen.

Nehmen wir das Beispiel, daß der eine sich nicht genug geliebt, zu wenig geborgen und anerkannt fühlt oder gar verachtet und weggestoßen wähnt. Statt kommunikationstherapeutisch zu früh zu intervenieren (»Sagen Sie Ihre Veränderungswünsche direkt dem Partner«), geht es zunächst um das Erleben eigener Anteile an diesem Verlassenheitsgefühl.

Interventionshilfen können sein: Was löst dieses Gefühl von Verlassensein in Dir aus, was macht es mit Dir? Kennst Du dieses Gefühl von Verlassenheit sonst noch, von woanders – schon länger und von früher – wann hat es angefangen? Was spürst Du jetzt in Dir, wenn Du davon erzählst? Wenn Du einmal von Deinem Partner absiehst, kennst Du diese Trauer um das Alleinsein sonst noch? Wann hat das angefangen?

▶ *Körper-Interventionen:* Laß Dir Zeit, zu spüren, was dabei in Deinem Körper vor sich geht! Eventuell sieht der Therapeut Veränderungen z. B.: der Atem fängt an, tiefer oder schneller zu gehen – Stimme ändert sich, Hände oder Füße bewegen sich, Gesichtsausdruck: ruhig darauf hinweisen, Zeit lassen, dabei den Partner ermuntern, zu schauen und gleichzeitig bei sich selbst ähnlich nachfühlen.

Bei Zögern oder Aus-dem-Feld-Gehen kann auch die Umkehrung als Intervention vorgeschlagen werden: aus dem »Ich werde nicht geliebt« wird dann »Ich liebe Dich nicht«. Das Zurückwerfen solcher Projektionen führt häufig zur Durcharbeitung bis zurück zu frühesten Erinnerungen. Die Ebenen zwischen Partner-Umwelterleben und Kindheit wechseln anfänglich stark, sollten dann aber bei Erfahrungen von früher, Bildern und Situationen vertieft werden.

Alle hierauf sichtbar werdenden Anzeichen von Trauer, Enttäuschung, Wut oder Zorn, aber auch von Suche nach Zärtlichkeit, Vertrauen, Zuneigung, Sexualität und Geborgenheit werden vom Therapeuten gefördert, belohnt, verstärkt und er ermuntert, sie in direkter Rede, Rollenspiel oder nonverbal oder auch allein durch Zulassen des Gefühls lebendig werden zu lassen.

Diese Gefühlsäußerungen können bis zur Gefühlsexplosion, bis zur Entladung jahrelanger Blockaden führen — Regression in frühkindliche und kindliche Zustände bedeuten hier nicht nur heilendes Wiedererleben, sondern ein völlig neues Sich-Selbst-Verstehen und Sich-dem-Partner-verständlich-Machen. Erlebens- und Verhaltensgleichheiten zwischen damals und heute werden augenscheinlich, brauchen auch nicht mehr vom Therapeuten interpretiert zu werden — die Figur-Hintergrund-Relation, der Mensch nämlich auch als Produkt seiner Vergangenheit in der Aktualität, wird transparent.

Ein anderer oftmals lohnender Einstieg in diese Individuationsarbeit geht noch leichter: Die Anklagen gegen den Partner können auf das Eigenerleben gerichtet werden, z. B. mit folgenden Interventionen, die aber getragen sein sollten von ganz liebevoller Zuwendung:

Ich höre Dich jetzt klagen über Deinen Partner, dabei frage ich mich, wie es Dir selbst geht, wie Du Dich erlebst und wer Du wirklich bist? Bist Du mit Dir zufrieden und ›liebst‹ Du Dich selbst? Gehst Du gut mit Dir selbst um, bist Du zärtlich zu Dir selbst und streichelst Du Dich? Wie gehst Du mit Deinem Körper um, hast Du Lust damit?

Diese Fragen können beliebig vertiefend fortgesetzt werden und führen meist schon früh an den Kern eigener Ängste und damit verbundener Projektionen heran. Das ganze Ich-Gefühl spiegelt sich im Körpererleben. In dieser »Aktionsphase« haben alle Übungen und Interventionen das Ziel, das eigene Erleben so zu vertiefen, daß hinter der Abwehr alle Wünsche, Phantasien, Verletzungen und Unfähigkeiten offen zu Tage treten, in der Sitzung prägnant gemacht und in ihrer Auswirkung auf das eigene Verhalten erlebt werden.

So können in dieser Phase alle Formen der Körperwahrnehmung, des vertieften Atmens, Übungen zur Spannungssteigerung, aber auch Entspannung, nonverbale Interaktionen mit dem Partner oder anderen Gruppenmitgliedern wie Berührungen, Augenkontakt, Partnerwahl und schließlich auch meditative Übungen eingesetzt werden. Die Kunst dabei besteht darin, daß alle Beteiligten wie selbstverständlich die Übungen mitmachen, wenn auch nicht so tief wie der Protagonist. Durch dieses Mitschwingen in der Arbeit entsteht Zusammenhalt und Verständnis füreinander, der therapeutische Prozeß bleibt für alle fließend, Übungen wirken nicht aufgepfropft.

Wesentliche Themeninhalte müssen in dieser Phase sein:

a) *Aggressionsbearbeitung:* der Ausdruck von »negativen Gefühlen«, Ablehnung und Ärger, von Wut über erlittenes Unrecht und Haß gegen bestimmte Personen in Vergangenheit oder Gegenwart, auch gegen Teilnehmer der Gruppe oder den eigenen Partner, gehören ganz wichtig an den Anfang der Durcharbeitung (vgl. C. Rogers 1970), damit Vertrauens- und Beziehungsarbeit sinnvoll anschließen kann.

Oft fällt verbaler Ausdruck, direktes Aussprechen und Rausschreien anfangs sehr schwer, deshalb kann in diesen Bereich eingestiegen werden mit Muskelkontakt, Raufen oder irgendwelchen bioenergetischen Übungen. Nicht Entspannung, sondern Spannung, Energie und kämpferische Auseinandersetzung sind das Ziel dabei. F. Perls (1979) bemerkt dazu:

Typisch für die nicht umfassenden Einstellungen anderer Methoden ist der Fetisch der Entspannung. Natürlich kann ein Patient ein gutes Stück vorankommen, wenn er lernt, sich zu entspannen, aber er wird sich in jeder Situation wieder verspannen, wo die Entspannung keine Figur ist, wo er mit einer unerwünschten Empfindung, Handlung oder Emotion konfrontiert ist. Es ist für unsere Patienten nicht leicht zu lernen, daß es für sie nicht erforderlich ist, sich vorsätzlich entspannen zu können, sondern vielmehr, sich ihrer inneren Konflikte bewußt zu werden, von denen die Verspannung nur ein Bestandteil ist. Das führt uns zu der nächsten Stufe der Integration.

Bei solchen Übungen zur Aggression sollte der jeweils schwächere Teil dem stärkeren die Regeln auferlegen, daß letzterer z. B. nur mit einem Arm oder auf einem Bein kämpft. Der Schwächere lernt so, überhaupt wieder zu kämpfen. Dieser streitbare Körperkontakt hilft, gerade langerstarrte Fronten zwischen Partnern wieder in Bewegung zu bringen. Daraufhin können sie leichter verbal berichten oder besser noch laut dem anderen vorhalten, welche Verletzungen, Vertrauensbrüche, Demütigungen und Schmerzen er angerichtet hat. Solche Streitrituale beschreibt zahlreich G. R. Bach (1972) in seiner Aggressionstherapie.

b) *Körperarbeit:* Gemeint ist hier nicht so sehr bioenergetisch verstandenes Vorgehen, sondern die Bearbeitung aller Blockaden, Einschränkungen und Behinderungen in diesem Bereich. Die Aggressionsübungen mögen schon ein Teil sein, aber allein Berührungsübungen, Händebegegnen, dann sehr viel Atem- und Streßübungen, Laufen im Freien und slow-motion-Übungen tragen sehr dazu bei, aus der lähmenden Null-Bewegung herauszukommen, den Impulsen im Körper einmal Ausdruck zu geben, statt sie immer zu bremsen. Die meisten Übungen sollten abwechselnd allein, mit dem Partner und anderen Teilnehmern durchgeführt werden. Bei vielen Atemübungen – so im Becken, Unterleib, Nacken und Kopf – sollte jeweils beim Ausatmen allmählich Stimm- oder Tongebung ergänzt werden.

▶ *Eine bioenergetische Atemübung:* Die Füße werden beim Rückenliegen etwas gespreizt unter das Becken gezogen, das Becken und der Rücken hochgehoben, während der übrige Körper hauptsächlich auf

Schultern und Kopf abgestützt wird. Der Körper beginnt auf diese Weise nach etwa 15 Minuten zu vibrieren, zu zittern, später wellenförmig sich zu bewegen – es kommt zu vielerlei Gefühlsqualitäten. Oft wird so auch ein Einstieg möglich in die

c) *Durcharbeitung sexueller Störungen:* soll unbedingt im Verlauf der Aktionsphase geschehen, da dieser wichtige Bereich meist mit den tiefsten Verletzungen verbunden ist (vgl. Wendt, 1979). Mehr darüber folgt im letzten Kapitel. Hier ein Beispiel aus einer Gruppen-Arbeit:

Beispiel:
Lothar, (32, Sozialberuf, 2 Kinder) wirkt sehr freundlich, lieb und bemüht um seine Frau und die anderen in der Gruppe. Das Paar klagt gemeinsam über seine schüchterne Gehemmtheit, seine Passivität und seine innere Unzufriedenheit. Auch beruflich fühlt er wenig Erfolg.
Während seiner Arbeit sitzt er schließlich mitten im Gruppen-Kreis auf dem Boden: verlassen, allein, bedauernswert, ohne daß einer wüßte, wie ihm zu helfen sei – alles kommt auch nur ganz zäh von seinen Lippen.
Th.: Was willst Du jetzt tun?
Kl.: (Schulterzucken – Kopfhängen)
      Pause – Kl. hat Augen geschlossen.
Th.: Schau Dir mal die anderen alle an.
Kl.: (öffnet die Augen, sieht aus dem Fenster)
Th.: Was siehst Du von den anderen?
Kl.: – zögert: die schauen mich an.
Th.: Was sehen sie von Dir?
Kl.: Fast stotternd, langsam beschreibt er sich selbst mit den Augen der anderen als ein Häufchen Elend, atmet dann tiefer und sagt, daß er eben anders sei als die anderen. Auf Befragen hin druckst er noch hilfloser und wiederholt schließlich:
      »Ich bin halt anders – ich hab Angst – das zu sagen – wenn ich erzähle – was mit mir ist, dann werde ich von Euch verachtet – besonders von Karin (seiner Frau).
Nach neuerlichem Schweigen, Hilfen und Ermutigung durch die Gruppe und die Therapeuten und nach Aufzählen anderer kleinerer Störungen berichtet er schließlich davon, daß er sich für pervers halte, da er geheime sexuelle Phantasien habe (alle halten die Luft an, es ist

142

mäuschenstill, jeder ahnt, daß es um die Entscheidung geht.) Nach langem Schweigen und dem Vorschlag der Therapeuten, diese geheimen Phantasien jedem einzeln in der Gruppe mitzuteilen – seine Frau sinkt dabei völlig in ihrem Stuhl zusammen – schafft er es schließlich, diesen Schritt zu tun, den Rundgang in der Gruppe zu wagen: Er berichtet von verschiedenen sexuellen Bildern und Wünschen, die bei den anderen eher ein wohlwollendes Lächeln hervorrufen, daß er nämlich einmal nach Herzenslust mit einer Frau schlafen möchte, immerfort und unentwegt die ganze Nacht hindurch, in allen erdenklichen Positionen, obendrauf und untendrunter und dabei seine Lust mit lauter Stimme kundtun wolle. Er trägt das alles so ehrlich und aufrichtig vor, daß die anderen vor lauter Sympathie ihn immer mutiger machen. Er gesteht dann auch noch bei einzelnen seinen Neid, daß er diesen nämlich solch freien Lustgewinn zutraue.

Als er in der Runde zuletzt schließlich bei seiner Frau ankommt, wird es nochmals kritisch: sie ist verlegen, hat rote Flecken am Hals, weicht seinem Blick aus, prüft immer wieder die Reaktionen der Gruppe. Schon senkt er erneut hilflos den Kopf, als ausgerechnet die älteste Gruppenteilnehmerin mit über 60 Jahren ins neue Schweigen hinein ihn anspricht und anstrahlt, ihn bewundert für seine Offenheit, ihm gesteht, daß gerade seine männliche Figur ihr so gefalle, daß sie selbst aber traurig sei über das, was an leidenschaftlicher Sexualität in ihrem eigenen Leben nicht möglich gewesen sei durch Erziehung und Angst, sie aber gerade deshalb versuche, ihre nun begrenzten Möglichkeiten auszuschöpfen.

So verbinden sich durch solche Übungen innerer Kampf mit der Durchsetzung vorhandener Impulse, Wünsche und Energien nach außen. Das Geschehen selbst hat hier immer zwei Richtungen, nämlich die der Vergangenheit und die der Partnerbindung.

▶ *Lebenspanorama:* Bei dieser Übung geht es um die zeichnerische Darstellung des persönlichen Lebensverlaufes von der Zeugung bis zum heutigen Tag mit allen Höhen und Tiefen, guten und schlechten Erlebnissen und den dabei empfundenen Gefühlen unter Einbeziehung der jeweiligen Umweltbedingungen und Personenbeziehungen. Als theragnostisches Mittel eingesetzt, kann es auch schon sehr viel früher in die Gruppe eingegeben werden, kann aber phasenspezifisch wiederholt werden, mit größerer Distanz oder nach entscheidenden Veränderungsprozessen. Lebenspanorama, das zu zweit gezeichnete Partnerpanorama und das in Phase 4 angefertigte Zukunftspanorama ergänzen sich im Fluß der Therapie (vgl. Eilenberger 1978, Mathies 1981).

Zu Phase III:
Die bisherigen Interventionen dienten vornehmlich dazu, sich selbst wieder wahrzunehmen als jemand, der irgendwann einmal im Leben damit begonnen hatte, sich immer mehr einzuschränken – und damit den Partner! In dieser Phase der Integration folgen mehr aufbauende Elemente. Dazu helfen alle Übungen, die der Stützung des »Ich« dienen. Jeder hat im Spiegel des Gruppengeschehens sich selbst erfahren mit allen positiven und negativen Persönlichkeitsanteilen, mit Belastungen aus der Vergangenheit und Wünschen für die Zukunft, mit Defiziten und Mängeln in seinen Partnerstilen, ebenso wie mit dem großen inneren Reichtum an Lebensmöglichkeiten. Nun muß jeder Teilnehmer sich selbst erst einmal neu aus diesen Teilen zusammensetzen und seinem Lebensplan entsprechend umgestalten.

Beim Übergang von Phase II zu Phase III sollten Möglichkeiten gegeben werden, alle erlittenen Verletzungen, Demütigungen und Enttäuschungen herauszubringen. Während dies in der Aktionsphase teilweise geschehen sein mag, vorzugsweise im Rollenspiel mit dem leeren Stuhl, können hier zur unmittelbaren Konfrontation z. B. aus »aggression lab« von G. R. Bach Übungen eingesetzt werden wie »Vesuv« oder »Angst vor Virginia Woolf«. Es geht hier um den konkreten, differenzierten Umgang mit allen positiven und negativen Anteilen: der einzelne zeigt deutlich sein wahres Selbst ohne Mauer und Maske, kommt dadurch zu einer Ich-Findung, ohne die er nie guter Partner werden kann.

Besonders wichtig: Während in Phase II nach dem Grundkonflikt gesucht wurde, durch den jeder selbst sein Leben in zunehmender Weise einengt, gilt es jetzt herauszufinden, wie jeder das Leben des Partners beeinflußt, manipuliert, dirigiert – wie jeder den Partner stützt, fördert, liebt bzw. kritisiert, unterdrückt oder gar zerstört, wozu er den Partner braucht und mißbraucht. Hier ebenso wie beim Grundkonflikt sollte das Thema wiederholt sowohl zu Hause schriftlich durchgearbeitet als auch in der Gruppe direkt ausgetragen werden.

Die Rückmeldungen und Beobachtungen der anderen sind jetzt besonders wichtig im Sinn einer Realitätsprüfung und als Veränderungshinweise, ohne Parteinahme.

Eine konkrete Übung in der Gruppe kann die Rückmeldung aller an einen sein, wie sie ihn als Partner erleben. Zuvor muß aber das ›Finden guter und schlechter Partnereigenschaften‹ als Hausaufgabe gegeben werden.

▶ In einer etwa dreistündigen Sitzung bei 5 bis 6 Paaren muß jeder einmal auf den »Heißen Stuhl«, d. h. er stellt sich zur Diskussion: ein anderer Teilnehmer schickt ihn für ein paar Minuten aus dem Raum und erläutert der Gruppe ein oder zwei Kritikpunkte, die ihn stören an dem draußen Wartenden. In der Gruppe wird versucht, diese Punkte kritisch zu überprüfen, evtl. zu ergänzen, zu verwerfen oder andere zu finden. Der dann wieder hereingerufene Wartende muß nun erst selbst bis dreimal raten, aus welchen Gründen der andere ihn hinausgeschickt haben könnte, bevor er von allen deren Kritik hört.

Der *Gebrauch kreativer Medien,* sicher schon früher möglich, sollte jetzt zusehends eingesetzt werden. Lebenslinie und Gruppensoziogramme als Bilder oder Bewegungsübung; das Finden von Symbolen und Bildern für die eigene Befindlichkeit, z. B. in der

▶ *Chorusübung:* Dabei sitzt die Gruppe im Kreis, jeder zentriert auf sich selbst. Der Trainer gibt die Anweisung, sich selbst wahrzunehmen, sich zu sehen in der Welt und je nach Gefühlen, Erleben und Ausgerichtetsein für sich ein Bild zu finden, das diesen Zustand symbolisch wiedergibt, also z. B. »Ich bin wie ein junger Vogel am Rand des Nestes, der Angst vor dem Fliegen hat«, oder »Ich bin wie ein Baum, an dem der Sturm rüttelt« oder »Ich bin wie ein Fisch glücklich im Wasser, doch voll Sehnsucht nach dem Land«. Die ganze Gruppe wiederholt diesen Satz einmal im Chor, dann ist der nächste dran. Später kann dieses Sinnbild gemalt werden bzw. es kann ergänzt oder verändert werden je nach Entwicklung. Schließlich werden die Partnerbilder verglichen.

In dieser Phase III spielt die Abgrenzung vom Partner, vom Therapeuten und von der Gruppe eine besondere Rolle. Dazu gehören Übungen zur Beziehungsklärung, zur Durchsetzung, zur Intimität, zu Geben und Nehmen.

Generell sollten alle Zweierübungen immer eingeleitet werden durch bewußte »Partnerwahl«, nonverbal – über bloßen Blickkontakt.

▶ *Durchsetzung* kann geübt werden, indem jeder einen anderen aus der Gruppe ohne Absprache wählt, und dann mit allen Mitteln der Werbung, des Kämpfens und Überzeugens den Gewählten für sich zu gewinnen sucht, ob dieser will oder nicht oder bereits von anderen besetzt ist.

▶ *Gruppensoziogramm* kann gezeichnet oder aufgestellt werden von einem Teilnehmer: er demonstriert durch räumliche Distanzierung die Intimität mit den einzelnen.

▶ *Rückweisungs- oder Abweisungsübungen:* Die Gruppenmitglieder formulieren Wünsche aneinander, versuchen dringlich deren Erfüllung zu erreichen, doch der Angesprochene weist sie zurück.

▶ *Dreier-Ausschluß:* immer drei Mitglieder wählen sich und stellen sich zu einer Kleingruppe zusammen: dann verabreden sich zwei davon nonverbal, den Dritten auszuschließen und versuchen ihn, gegen dessen Widerstand rauszudrängen.

▶ *Geben und Nehmen:* Die ganze Gruppe teilt sich in Aktive und Passive. Letztere stellen sich mit dem Gesicht nach außen in einen Innenkreis. Die Aktiven stellen sich, diesen zugewandt, in einen Außenkreis und beginnen, jeder für sich jeweils einen der Passiven ganz vorsichtig und zart zu verwöhnen durch Streicheln, Nachzeichnen, Wärmen, Massage, ohne Worte. Nach einer Weile löst sich der Aktive und wiederholt dies bei anderen Passiven.

Alle diese Übungen, das sei nochmals betont, werden niemals mit Trainings- oder Lerncharakter vorgeschlagen – sie sollen nicht mechanisch oder technisch eingesetzt werden, sondern sich in dem Fluß des Geschehens einfügen. Es brauchen auch nicht immer alle Teilnehmer die Übungen mitzumachen, vielleicht sogar nur einer, der gerade hot-seat-Arbeit gemacht hat. Andere können von sich aus nachziehen. Sie sollen gerade in die Eigenverantwortung eines jeden gestellt werden, um Projektions- und

Konfluenzverhalten aufzulösen, um zu vermitteln, daß Ich es bin, der diese Gefühle hat, jene Wünsche äußert und solche Bedürfnisse an ›den Mann bringt‹. Ohne mit dem Anderen in unauflösliche Verschmelzung zu gehen, wird Intimität, Wärme und nahe Geborgenheit möglich, eigene Abgrenzung fordert nicht die Bestrafung durch Liebesentzug vom Anderen heraus. Dadurch, daß jeder sich zu sich selbst bekennt, hört gegenseitiges Taktieren auf, die Partner erleben sich im Spiegel der Gruppe als autonom und frei in ihren Entscheidungen.

Abschließendes Ziel dieser Phase ist, daß die Einheit mit dem Anderen nicht als bedrohend, einengend oder manipulierend erlebt wird, sondern als freigewählter Ort der Selbstentfaltung. Diese Partnerbindung ist deren höchster Ausdruck.

Zu Phase IV:
Diese Phase der Neuorientierung ist so entscheidend, daß ohne sie die bisherige Arbeit nur als halb gesehen werden muß. Insgesamt setzt eine komplizierte Phase ein: auf die Durchführung und Einhaltung der Übungen ist daher strenger und machtvoller zu achten als je zuvor, denn hier fühlt sich der einzelne im Hochbesitz seiner Kräfte, in der optimalen Selbstentfaltung, deren radikale Verwirklichung zunächst allzu verlockend erscheint, Partnerschaft jedoch ausschließt.

Praktische Übungen treten hier im Gewicht mehr zurück hinter kognitiven Vorgängen wie Einstellungsänderung, Gewinnung neuer Werte, usw. Ziel ist das Herstellen von Balance zwischen Selbstentfaltung und Partnerschaft, zwischen den eigenen Bedürfnissen, denen des Partners und denen der Gruppe.

Dieses Sich-in-Relation-Setzen kann beim Malen von Partner- oder Gruppenbildern geschehen; bei Freizeit-Gestaltungen der Gruppe, die allmählich therapeutische Sitzungen ablösen; in Nähe-Distanz-Übungen, die von beiden Partnern oder mehreren Gruppen-Mitgliedern durchgeführt werden.

Diese Übungen sollten häufiger als zuvor bevorzugt mit dem eigenen Partner durchgeführt werden – wenngleich jetzt die Zahl von Übungen oder anderen strukturierenden Elementen erheblich reduziert ist. Dabei ist darauf zu achten, daß alle wichtigen Teilbereiche menschlichen Miteinanders zum Tragen kommen, denn um so dauerhafter wird der Erfolg für das Paar in der Übertragung auf die Realität sein.

Inhalt und Form der Partnerschaft sind jetzt neu zu regeln. Die durch die Therapie geförderte Selbstfindung zeigt offen, was in der Realität schon eingetreten war: die zwei Menschen, die sich vor Jahren als Paar zusammengetan hatten, haben sich verändert. Damit aber sind alte, vertraute Gemeinsamkeiten weggefallen. Was das Paar jetzt verbindet, muß erst gesucht werden. Dazu müssen die Paare Fragen wie diese klären: Wollen wir zwei – so verändert, überhaupt noch zusammenleben? Kann ich darauf verzichten, vergangenes Leid, das mir der Partner zugefügt hat, als Waffe weiter mit mir zu tragen? Was möchten wir zusammen aufbauen und erreichen?

So finden wir zu einem wichtigen Bestandteil der Neuorientierungsphase: der »Lebensplanung«. Dazu können die Partner ihr gemeinsames Lebenspanorama für die Zukunft zeichnen.

Es erscheint mir von zentraler Bedeutung, daß die Partnerbindung in dieser letzten Phase der Therapie über Alltagsbezüge und Sachprobleme hinaus eine Erhöhung erfährt, die das ›Mehr‹ dieser Zweieinheit spürbar macht: spürbar im Körper, spürbar in den Gefühlen und spürbar für den Geist. Die Harmonie im Alltag bildet lediglich den Rahmen, das Zusammenwirken der vier positiv geprägten Partnerstile ist Voraussetzung für Versenken und Sich-Erkennen im Anderen, für das Ineinanderstrahlen der Kräfte.

Die für diesen Abschnitt vorgeschlagenen Übungen setzen innere Offenheit voraus, – genügend Einstimmungszeit und Wunsch nach solcher Vereinigung sind deshalb nötig.

▶ *Sich Versenken und Erkennen:* Die Partner knien oder hocken sich für eine halbe Stunde nah gegenüber. Sie beginnen zunächst mit den Augen Kontakt aufzunehmen, sich durch ihre Blicke füreinander zu öffnen, ihre Gefühle miteinander auszutauschen ohne Worte. Dann betrachten sie sich ganz, wandern mit den Augen über den Körper des anderen, ohne eine Stelle auszulassen. Danach schließen sie die Augen und lassen das so Erlebte in sich nachklingen. Dann nehmen sie, ohne die Augen zu öffnen, durch die Hände miteinander Kontakt auf, erzählen sich etwas durch das Fingerspiel, ertasten den anderen durch die Hände. Danach zieht sich jeder wieder kurz auf sich zurück, um dem Erleben nachzuspüren.

In einem dritten Schritt erfühlen beide mit den Fingern und Händen bei geschlossenen Augen und ohne Worte das Gesicht des anderen, versuchen Erinnerungen, Geschichten und Wünsche darin zu erkennen, beide versuchen, Bilder der Vergangenheit, der Gegenwart und der Zukunft einander überfluten zu lassen, ohne sich an Ort und Zeit gebunden zu fühlen. – (Die Partner können diese Übung zu Hause auch nackt fortsetzen und in einem vierten Schritt den ganzen Körper einbeziehen, allerdings ohne dann miteinander »Liebe zu machen«).

▶ *Lebenskreis:* Frau und Mann versuchen ihren Kopf gleichzeitig in den Schoß des anderen zu legen. Sie schließen die Augen und versuchen, bei sich Ruhe einkehren zu lassen. Dann richtet jeder seine Aufmerksamkeit auf die Wärme, die Mitte, die Lebensenergie des anderen, die aus dessen Schoß fließt. Nach einer Weile versucht jeder, seinen eigenen Atem zur Mitte des anderen hinfließen zu lassen, wobei keine äußere Bewegung der Körper stattfindet. Beide versuchen dabei, in sich das Bild dieser gemeinsam strömenden Kraft aufsteigen zu lassen.

▶ *Regentropfen-Klopfen:* Der Empfangende stellt sich mit geschlossenen Augen möglichst entspannt vor einen Aktiven. Dieser beginnt mit seinen zehn Fingerspitzen in gleichmäßigem Rhythmus erst den Kopf, dann den ganzen übrigen Körper bis zu den Zehen von allen vier Seiten her zu beklopfen. Die Stärke des Klopfens muß natürlich der Empfindlichkeit der jeweiligen Körperregion angepaßt sein, sollte aber durchaus prasselnd, also kräftig und bestimmt sein. Da dies für den Aktiven sehr viel anstrengender ist, als es sich anhören mag, soll er zwischendurch immer wieder die Arme und Hände ausschütteln.
Kennzeichen ist immer, daß beide sich dabei wohlfühlen. Der Aktiv-Gebende gibt nur dann richtig, wenn er es selbst genießen kann, ohne den Nehmenden zu überrollen.

▶ *Körperspiel:* Sie überläßt sich dabei ganz ihm, dessen Phantasie es anheimgestellt bleibt zu finden, was gut tun mag. Er kann so etwa nacheinander abwechselnd ihre Arme und Beine unendlich langsam millimeterweise hoch heben und wieder senken – dadurch tritt bei ihr ein angenehmes Gefühl des In-den-Boden-Versinkens ein. Dann kann er die Liegende langsam in verschiedene Richtungen rollen, bestimmte Körperteile massieren, wärmen oder streicheln, ihren Atem durch Druck unterstützen oder den ganzen Körper zu einer Kugel formen und mit einem Finger wieder öffnen. Zeit und Freude sind dabei wichtig.

Damit soll dieser Übungsteil abgeschlossen werden. Ohnehin dienen die Übungen nur als Katalysatoren für das Eigentliche, nämlich das Erarbeiten und Erleben von Partnerbindung als höchste Selbstentfaltung.

Hinzufügen möchte ich noch, daß viele der genannten Begegnungsformen (Übungen) auch in der Familie, mit Kindern, zwischen Vater oder Mutter und Kind erlebbar sind. Eine Art von Beschäftigung miteinander wird so gefördert, die unabhängig von allen Hilfsmitteln ist. Ein so offener und unmittelbarer Austausch führt zu lebendigen Gefühlen, wie wir sie vielleicht alle erinnern – aus dem Gesicht eines Kindes, das andächtig mit den Fingern die einzelnen Linien im Gesicht der Mutter nachzeichnet. Die Einbeziehung der Kinder mag ein erster Schritt dahin sein, das in der Therapie entfaltete Aufbrechen zu neuem Partnerleben erst auf die Familie, dann auf Freunde und die weitere Umwelt zu übertragen.

6 Wie können Partner ihre Probleme lösen?

In der Frage nach der konkreten Problemlösung im Alltag der Partnerschaft liegt das schwierigste Unterfangen dieses Buches. Obwohl fast alle Partnerstreitigkeiten in ihren Grundzügen übereinstimmen und in einige wenige Bereiche aufteilbar sind, gibt es – je nach der persönlichen Eigenart der Partner – Tausende von Abweichungen. Daher ist es wichtig, daß Sie dieses Kapitel sowohl intensiv mitarbeitend als auch kritisch abwägend lesen, um aus den folgenden Beispielen und Anleitungen, falls Sie dies wollen, für Sie gültige Lösungsstrategien ableiten zu können.

Im wesentlichen sind es zwölf Bereiche, die immer wieder als Konfliktherde genannt werden: Sexualität – Rollenverhalten und Gleichberechtigung – Kinderfragen und Erziehung – Freizeitgestaltung – Arbeit – Geld – Abhängigkeit von Alkohol, Medikamenten – Lebensplanung – Verwandtschaft – Freundschaften – Wertorientierung – Gesellschaftlicher Hintergrund.

Verhältnismäßig einfach ist der Konflikt noch zu lösen, wenn die Schwierigkeiten nur in einem Bereich auftreten. Das ist aber die Ausnahme. Meist zieht eine Störung andere nach sich. In jedem Fall lohnt es sich, den eigentlichen Störungsherd ausfindig zu machen.

Dennoch ist und bleibt die Frage, wie man nun Partnerprobleme praktisch löst, schon wegen der darin enthaltenen Hoffnung auf zuverlässige und wirksame Hilfe, der Prüfstein – z. B. für Sozialpädagogen, für viele Ärzte in der gynäkologischen Praxis, für Beratungslehrer, oder auch für den Pastor in der Gemeinde und für den Psychologen in der Eheberatung, aber vor allem für die Paare selbst. Handfeste Ratschläge, moralischer Ansporn, selbst die weise Lebenserfahrung der älteren Generation fruchten hier so wenig, wie therapeutisch-professionelles Schweigen der Fachleute sinnvoll wäre.

Ich wähle deshalb die Form aktiver, gefühlshafter, sinnlicher, geistiger und körperlicher Auseinandersetzung mit dem Paar. Austausch, Erleben, Verletzung, Abgrenzung, Annäherung, Erschlaffung, inneres Suchen und Entfaltung im wechselseitigen Prozeß ist auch der wahrscheinlichste Lösungsweg, den das Paar tatsächlich gehen kann.

Natürlich bleiben wir bei dieser Arbeit oft stecken, und es schmerzt mich persönlich, wenn ich mit aller Berufserfahrung und therapeutischem Wissen diesen Prozeß nicht vorantreiben kann. Dann fühle ich mich zunächst verwirrt und hilflos, hin- und hergerissen zwischen Trennungsphantasien und dem Wunsch, diese Liebe doch noch zu retten.

So ist es zuletzt auch nicht mehr der Fachmann, nicht irgendein Arzt, Theologe oder Psychologe, der Partnerprobleme gültig lösen kann, sondern wir müssen fragen: Wie können Partner ihre Probleme lösen – was können Paare für sich selbst tun?

Dazu drei Grundregeln:

1. Egal, um welches Thema der Streit geht und wie sehr einzelne, Paare oder politische Parteien daran festhalten, die Frage des Rechthabens wird völlig unerheblich – im Gegenteil: sie führt nur zu gegenseitiger Schuldzuschreibung, moralischer Erpressung und endet in Sinnlosstrategien. Dies gilt grundlegend für alle Partnerprobleme: immer sind beide streithaft beteiligt, selbst wenn der eine bevorzugt schweigt.

2. Entscheidend für eine Bewältigung des Konfliktes ist die Willigkeit der Partner, an einer Lösung mitzuarbeiten. Zeigt einer der beiden keinerlei Bereitschaft dazu, dann ist die Partnerschaft zu Ende, dann hilft auch keine Therapie mehr.

3. Lösungen können nicht verordnet werden, sie können nicht durch Übungen und Regelungen programmiert werden, sie können nicht erpreßt werden. Lösungen sind allein möglich durch persönliche Reifung in der Auseinandersetzung mit dem Partner und der Umwelt und der daraus entstehenden Erlebnis- und Einsichtsfähigkeit.

Hier soll der Versuch unternommen werden, direkte Anleitungen zu geben. Es handelt sich dabei – entsprechend dem geforderten integrativen, mehrdimensionalen Ansatz – um ein Bündel von Maßnahmen, die sich in vier Schwerpunktbereiche einteilen lassen (vgl.: Heinl/Petzold 1980):

Dimensionen der Partnerarbeit:

1. *Vorbeugung:* Jedes Paar beginnt in dem Augenblick, in dem es sich zu einer festen Bindung entschließt, mit aktiven Bemühungen, Störungen und Zerstörungen der Partnerbindung entgegenzuwirken.

2. *Entwicklung:* Die Partner engagieren sich an der Aufgabe der eigenen, der gegenseitigen und der gemeinsamen Entfaltung und Bereicherung.

3. *Erhaltung:* Die vorhandene, positive Partnerbeziehung wird in ihrer Reichhaltigkeit stabilisiert und gestützt.

4. *Wiederherstellung:* Die gemeinsamen Anstrengungen des Paares, verlorengegangene Befriedigung, zerstörte Beziehungsanteile und gestörte Austauschmöglichkeiten wiedereinzurichten. Konflikte und Krisen müssen mit einer Fülle kreativer Wege überwunden werden.

Die ganzheitliche Sichtweise von Partnerschaft als Grundmodell menschlicher Entfaltung, in der glückhafte Harmonie und streitbare Auseinandersetzung als Phasen eines dynamischen Prozesses verstanden werden, somit Ausdruck einer kreativen Polarität sind, diese Sichtweise bleibt unverwechselbarer Hintergrund für alle folgenden Anleitungen.

Lebensplanung

Zu Beginn einer Beziehung, bei den verschiedenen Krisen einer Zweierbindung und in ihren verschiedenen Phasen wird es für jeden einzelnen einer immer wieder neuen Entscheidung bedürfen, ob er überhaupt eine Langzeit-Bindung eingehen will. Anders als früher sind heute viele Formen denkbar, in der Regel auch lebbar und gesellschaftlich akzeptiert. Sich selbst Klarheit darüber zu verschaffen, ob Sie als Single mit allen Freiheiten und Risiken leben wollen oder lieber in offener Ehe, in einer Dreiecks- oder Viererbeziehung, mit Partnertausch oder in klassischer Treue an einen Partner, in Kommune oder in verschiedenen, zeitlich begrenzten und aufeinanderfolgenden Partnerschaften, in Kameradschaftsehe oder gar in einer Kombination verschiedener Formen, sich darüber immer wieder erneut klarzuwerden, ist für Ihre Lebensplanung entscheidende Voraussetzung.

Bei der Vorarbeit und beim Schreiben dieses Kapitels spüre ich selbst, wie ich immer wieder ins Grübeln gerate, Positionen aufstelle und wieder verwerfe, immer wieder zurückfalle in theoretische Überlegungen, statt durchführbare Erwägungen anzustellen. Dennoch wird gerade dies not tun, da eine Reihe guter Autoren uns zwar gedanklich auf die künftige Gesellschaft vorbereitet haben wie Flechtheim, Kelly, Toffler u. a. mehr, die Konfrontation mit dem »Zukunftsschock« aber jeden von uns persönlich berühren, wahrscheinlich erschüttern wird.

Die erste Aufgabe, die Sie zu lösen haben, um überhaupt sinnvolle Partnerschaft zu ermöglichen, besteht also darin, sich zunächst ganz für sich allein zu entscheiden: Wollen Sie jetzt, in diesem Lebensabschnitt, eine Langzeit-Bindung? Sind Sie bereit für die Konsequenzen daraus? Diese Frage ehrlich zu beantworten, ist für den Partner ungleich wichtiger als jede formelle Art von Treueversprechen. Es ist auch nicht damit erledigt, sie einmal zu Beginn einer Beziehung mit ja beantwortet zu haben, sondern sie stellt eine mit jeder Partnerphase wiederkehrende, neu zu lösende Aufgabe dar.

Gehen Sie nicht mit Selbstverständlichkeit darüber hinweg – denn die Entscheidung für eine Dauerbindung ist heute keine Selbstverständlichkeit mehr.

Drei Entscheidungsaspekte:

1. Die auch heute noch weitverbreitete Selbstverständlichkeit, sich für eine »Normalehe« zu entschließen, führt oftmals zur Selbsttäuschung oder veranlaßt dazu, dem Partner aus falsch

verstandener Liebe heraus ein solches Zugeständnis zu machen. Diese Art von Irreführung allein wäre unmoralisch zu nennen, nicht aber das offene Bekenntnis zur einen oder anderen Lebensform: nur so hat der Partner überhaupt die Chance, ja oder nein dazu zu sagen, seine Entscheidung dagegen zu setzen. Wer hier aus Angst, Unbedachtheit oder bloßer Anpassung heraus eine Dauerbindung eingeht, bereitet sich selbst, dem Partner und möglichen Kindern einen Weg voller Enttäuschungen, Verletzungen und Liebeszerstörung. Jeder muß vielmehr seine ihm entsprechende Lebensform finden.

2. Die eigentliche Treue-Aussage geschieht durch die Willensentscheidung zur Dauerbindung – daß bei der Einhaltung Schwierigkeiten und Probleme auftreten, gehört in den Prozeß der Reifung. Wieder wird deutlich, daß die Reife nicht Voraussetzung, sondern Ziel von Partnerschaft ist. Das Versprechen: »Ich will mit Dir zusammenleben, auf Dauer – ohne Zeitbegrenzung« kann auch mit siebzig Jahren noch der Überprüfung und Erneuerung bedürfen, seinen menschlichen Sinn erfüllt es aber nur bei freier Willensentscheidung, ohne Zwang von außen. Auf keinen Fall kann das Versprechen als Garantie für wohlgefälliges Verhalten oder dauernde Liebe gewertet werden, sondern vielmehr als unveränderliche Absicht, mit dem anderen diesen Weg der Reifung zu gehen.

3. Um unter diesen verschiedenen Partnerformen die der Langzeitbindung finden und sich dafür entschließen zu können, müssen Sie die Kriterien dafür kennen, die aus den *vier Partnerfähigkeiten* abzuleiten sind:

Fähigkeit zur *Hingabe:* sich anzuvertrauen, ohne vom andern immer neue Liebesbeweise zu fordern; ohne Absicherungszwang die Partnerschaft aufzubauen, ohne Aufwägung und Abrechnung sich selbst einzugeben: sich ungeschützt dem anderen anzubieten. Wo diese Fähigkeit nicht entsteht, entsteht Bindungslosigkeit.

Fähigkeit zur *Gefühlsentfaltung:* die Bandbreite menschlicher Gefühlsregungen lebendig werden zu lassen und mit dem anderen zu teilen: abgrundtiefe Trauer, unsagbare Wut, heilloser

Schmerz, düstere Verzweiflung, ekstatische Lust, Sinnlichkeit, Erotik, Einsamkeit und Sehnsucht. Wo diese Fähigkeit nicht entsteht, entsteht Depression.

Fähigkeit zur *Abgrenzung:* nach dem Prinzip der Polarität schließt Hingabe, trotz ihres bedingungslosen Charakters, die Abgrenzung nicht aus, sondern nach Phasen der Hingabe, Verschmelzung, Symbiose und Gefühlsekstase finden die Partner wieder den Weg der eigenen Selbstentfaltung, sind zugunsten der Partnerschaft zum Verzicht auf andere Befriedigungen fähig, geben dem Ich des anderen Raum, ohne sich selbst zu unterwerfen oder abhängig zu machen. Wo es keine Abgrenzung gibt, entsteht Chaos.

Fähigkeit zur *Versöhnung:* sie scheint vielen die schwerste, denn sie fordert das Überwinden des eigenen Trotzes, des persönlichen Stolzes, den Verzicht auf Rache und Rechthaben, fordert Seelenmauern einzureißen und Brücken zum anderen zu bauen. Dadurch werden Integration und Ganzheitlichkeit möglich. Wo es keine Versöhnung gibt, entsteht Krieg.

Es ist hier nicht zu übersehen, daß mit der Aufzählung solcher Partnerfähigkeiten von mir bestimmte Wertvorstellungen vertreten werden. Schon daß ich für eine Langzeitbindung eintrete, macht dies deutlich.

Tatsächlich gehe ich davon aus, daß es wesentlich den Sinn des Lebens ausmacht, Partner zu sein, daß es wertvoll ist, im engen Miteinander zu reifen, menschliche Verbundenheit zum Inhalt des Lebens zu machen.

Praktische Ansatzmöglichkeiten:

Planspiele sind hier besonders geeignet, solche Fragen und Prozesse der inneren Einstellung konkret durchzuarbeiten. Durch Rollenspiele und Rollentausch in der Familie oder in der Gruppe, durch Phantasiereisen und im Stegreiftheater werden alternative Lebenspläne bildhaft in Szene gesetzt und so für den einzelnen spürbar hereingeholt. Damit werden sie aber auch für die anstehende Entscheidung überprüfbarer im Sinne von: das will ich – das auf keinen Fall – und das erst in ein paar Jahren. Frau und

Mann können dazu vorher, jeder für sich, ihre Ausgangspositionen aufschreiben, im zweiten Schritt sich gegenseitig informieren, um schließlich Gemeinsamkeiten und Trennendes in Beziehung zu sehen.

Prozeßorientierung und Partnerphasen

Die Entwicklung und Erhaltung der gesunden Partnerbeziehung in den verschiedenen Lebensphasen hat Vorrang vor Therapie.
Was Partner füreinander tun können, ist ja vor allem in den glücklichen Phasen zu leisten; der Weg in die Partnertherapie ist und bleibt ein Notausgang.
Tatsache ist aber wohl, daß junge Paare in der Phase der Hingabe und des Aufbaues selten daran arbeiten, Partnerkrisen vorbeugend entgegenzuwirken oder die gesunde Partnersubstanz bewußt zu entwickeln. Meist bleibt es bei Gedankenspielen um mögliche Untreue und bei Wenn-Dann-Konstruktionen wie: »Wenn Du mich mal nicht mehr lieben solltest, dann mußt Du mir das ganz ehrlich sagen – ich will nämlich auf keinen Fall, daß Du gezwungenermaßen bei mir bleibst; dann ist es mir lieber, wir reden offen und ehrlich darüber und trennen uns in Freundschaft.« Tritt dieser Fall aber tatsächlich ein, helfen alle guten Vorsätze von damals kaum über die Krise hinweg.
Meist ist es nicht die Schuld dieser Paare, daß sie bewußt zu wenig vorbeugen. Es ist auch nicht die romantische Verliebtheit, die blind macht für mögliche Gefahren. Die Unterlassungssünden sind vielmehr in der völlig fehlenden Partnerschulung oder der äußerst mangelhaften Ehevorbereitung durch Schule, Brautunterricht oder andere öffentliche Einrichtungen zu suchen.
Obwohl immer wieder zitiert wird, daß wir in der Schule nicht für die Schule, sondern für das Leben lernen, scheint die Idee, Liebe zu lernen, vielen von uns absurd und wird sogar abgelehnt mit dem Hinweis, daß Gefühle nicht zu lernen seien. Es ist aber nicht nur möglich, sondern auch nötig, Liebe zu lernen: nicht durch Bücher oder durch die Beherrschung von Fakten und Sachgebie-

ten, sondern durch Einüben in Feinfühligkeit, Sinnlichkeit, durch inneres Erleben und Erfahren und durch Partneraustausch auf allen menschlichen Ebenen. Erprobung, Experiment und Selbsterfahrung allein und zu zweit sind dabei die wesentlichen Hilfsmittel.

Zur praktischen Orientierung kann der Fragebogen ausgefüllt werden: Diese »Partnerorientierung« ist kein psychologischer Test oder ein Meßinstrument für die Güte der Partnerschaft, sondern lediglich ein Anstoß für eine Form von Partneraustausch, der wenigstens alle zwei Jahre stattfinden sollte.

Beide füllen dazu getrennt den Orientierungsbogen aus, um sich anschließend über alle angekreuzten persönlichen Einschätzungen ausführlich zu unterhalten.

Der häufigste Fehler in formell geschlossenen Ehen ist immer noch der, daß der auferlegte Treuespruch: »... bis daß der Tod Euch scheidet« für viele einen Zustand der Endgültigkeit einleitet. In Wirklichkeit gibt es aber keine Garantie dafür, daß eine Ehe nur einigermaßen über die Jahre kommt. Deshalb ist eine permanente Partneranalyse notwendig, die beiden verdeutlicht, in welchem Prozeß sie gerade stehen, welches Entwicklungsstadium ihre Beziehung erreicht hat.

Praktische Ansatzmöglichkeiten:

In regelmäßigen Abständen tun sich die beiden Partner für mindestens zwei Tage und zwei Nächte zusammen, gehen in völlige Klausur – nur mit sich und dem Thema »Partnerorientierung«.

Sie überprüfen dabei den Stand der persönlichen Entwicklung und der eigenen Lebensausrichtung, die momentanen und ferner liegenden Ziele der Zweierbeziehung, die Einwirkungen der Partnerphasen und den Fluß der inneren Gefühlsbewegungen. Um besonders diese Gefühlsbewegungen bei sich selbst frei verspüren zu können, bedarf es einer Atmosphäre ohne Anklage oder Rechtfertigungszwang, ist Hören und Zuhören notwendig, Stille und Konzentration.

Veränderungen der Paardynamik müssen zunächst ohne jede

Partnerorientierung

1. Welche der 6 Partnerphasen
ist erreicht:
  - Hingabe ☐
  - Aufbau ☐
  - Lebensmitte ☐
  - Altersbeginn ☐
  - Partnerneige ☐
  - Frieden ☐

2. Wie sieht die Bilanz der
Partnerjahre aus:
  - symbiotische Verschmelzung ☐
  - aufbauende Vielfalt ☐
  - harmonische Bewegung ☐
  - Alltagsroutine ☐
  - Krisenanfälligkeit ☐
  - gefährdeter Bestand ☐
  - zerstörte Substanz ☐

3. Welche Störungsanzeichen
der Partnerschaft sind da:
  - Partnerstile:
    - Angriff/Gewalt ☐
    - Rückzug/Depression ☐
    - Starre ☐
    - Chaos ☐
    - Sucht ☐
    - Lügen ☐
  - Streitstrategien:
    - Dauerstreit ☐
    - Machtkampf ☐
    - Sinnlosstreit ☐
    - Alibistreit ☐
    - Schweigen ☐
    - Streitzirkel ☐
  - seelisches Befinden:
    - Depression ☐
    - Wut ☐
    - Angst ☐
    - Einsamkeit ☐
    - Resignation ☐
    - Enttäuschung ☐
    - Hilflosigkeit ☐
  - körperliches Befinden:
    - Störungen des Ver-
      dauungstraktes, ☐
      Atmung, Herz usw.
    - sexuelle Störungen ☐
    - Schlaf- und Erholungs-
      störungen ☐
    - Ernährungsstörungen ☐

4. Zielabklärung

Bewertung oder gar Verurteilung herausgefunden werden: Welche Tendenzen herrschen vor? Rückzug und Abkapselung oder zunehmende Abhängigkeit vom Partner? Isolation zu zweit oder Routine-Partnerschaft? Braucht der eine den anderen zur Überwindung eigener Schwierigkeiten, Macht und Ohnmacht? Bekommen die Sachbereiche Vorrang vor den Gefühlsbeziehungen? Hat sich die ganze Qualität der Partnerbindung verändert bzw. das Grundlebensgefühl des einen oder des anderen?

Bisher unerwähnt geblieben ist bei dieser Partnerorientierung die innere Form der Partnerschaft, die ihren Ausdruck in den Partnerstilen findet (vgl. Kap. 3).

Obwohl wir hier den Bereich der gesunden Partnerschaft besprechen, ist die Frage, wie die Partner ihrer gegenseitigen Liebe praktischen Ausdruck verleihen, oft Anlaß zu Streit. Der eine ist darin vielleicht zu heftig und zu fordernd, der andere zu nachlässig oder passiv. Introjektion, Projektion, Retroflektion und Konfluenz sind oftmals nur einseitig ausgeprägt und stören somit Gleichgewicht und Harmonie.

Die Partnerverschränkung wird dann so handgreiflich, daß es kaum ausbleiben kann, daß der eine dem anderen sagt: Du störst mich mit Deinem ständigen Nörgeln . . . Du drückst mich an die Wand mit Deiner Überaktivität; . . . Du machst mich verrückt mit Deiner Eifersucht, . . . dauernd klebst Du an mir, . . . immer nur willst Du Sex . . .

Die Art und Weise, wie die Partner ihre Gefühlsregungen einander nahe bringen, ist die Plattform für Auseinandersetzungen, für Kritik und Enttäuschung, aber auch für Dankbarkeit, Hilfsbereitschaft und Toleranz. Hier geht es um den Interaktionsstil, um die Fähigkeit, miteinander umzugehen.

Ziel dieses speziellen Teiles der Partnerorientierung ist es, einseitig ausgeprägte Verhaltensformen und Partnerrituale abzubauen, trockenen Gewohnheiten vorzubeugen und bewegliche Lebendigkeit im Gefühlsaustausch zu erhalten.

Das Erkennen dieser Partnerstile ist allerdings viel leichter in Gruppen mit anderen Menschen möglich als beim eigenen Partner allein. In dieser engen Beziehung haken sich beide zu schnell

160

fest oder verfallen in alte Streitmuster. Tonband-Partnergespräche sind hier eine wirksame Hilfe!

Körperlichkeit

Körperlichkeit – das ist der herrlichste, intensivste, aufregendste Bereich der Partnerschaft, zugleich aber der kritischste, komplizierteste, herausforderndste, verletzbarste und – dennoch – der am meisten vernachlässigte!
Gepriesen und geschmäht, vergöttert und verteufelt, besungen und verbrannt – in der langen Geschichte der Partnerschaft widerfuhr dem Körper ein wechselhaftes Geschick mit allen Höhen und Tiefen, mit dunklem Leid und freudigem Sinnenrausch (vgl. Solé 1979). Gerade deshalb halte ich es für notwendig, hierzu praktische, stellenweise sogar drastische Hinweise zu geben. Denn die Gefahr von Mißverständnissen oder auch Verletzungen ist hier, weil hautnah, besonders groß: Was dem einen schon als Perversion gilt, ist für den anderen gerade das Vorspiel. Frau und Mann müssen ohne Scham miteinander klären, wie ihre Körperlichkeit in der Beziehung zu leben ist.
Damit sie aber zur Quelle der Freude und Lust wird, beziehen beide Partner alle körperlichen Belange in diese Klärung mit ein, also auch die Bereiche: Ernährung – Pflege – Gesundheit – Sinnlichkeit und Schönheit – Lust.

Ernährung

Es ist leicht zu verstehen, daß ein schlecht und vor allem ein falsch ernährter Körper müde, häßlich und krank wird und damit unfähig zur Lust. Seit Tausenden von Jahren ist bekannt, daß bestimmte Speisen die Lust fördern – weil sie besonders bekömmlich sind. Liebe geht durch den Magen.
Alkohol zerstört die Potenz, Fett die zur Lust nötige Beweglichkeit, Salz den Säftehaushalt des Körpers, Nikotin die Vitalener-

gie des Atmens, zu hoher Grundumsatz (z. B. durch Vielfräßig-keit) läßt vorzeitig altern, Diätkuren werden zur sinnlosen End-losbeschäftigung und vieles mehr. Nun soll nicht plötzlich Ent-haltsamkeit gepredigt, die Gaumenlust der sexuellen Lust geop-fert werden.

Die ganzheitliche Betrachtung der Partnerbeziehung bezieht nun aber alle Lebensfaktoren ein und erkennt dadurch, daß Störungen etwa der Sexualität nicht allein Ausdruck von Liebesmangel oder Folge einer seelischen Störung sind. Oftmals ist ein infolge falscher Ernährung schlecht entschlackter Körper, der obendrein die ständig neu zugeführten Gifte nicht verkraften kann, aus Übermüdung zur Sinnlichkeit nicht mehr aufnahmebereit. Die umgekehrte Auswirkung kennen wir alle: durch harte Auseinan-dersetzungen und verletzend-zermürbende Streitigkeiten mit dem Partner vergeht den einen der Appetit, die anderen packt die Freßlust, wieder andere betrinken sich und qualmen. Dadurch sackt aber das Körperwohlbefinden erst recht ab, das Nerven-kostüm wird dünner, die Depression nimmt zu, das seelische Gleichgewicht schwindet zusehends, und damit geht auch die Fähigkeit zur Versöhnung mehr und mehr verloren.

Die Grundidee lautet also: Der Küchenfahrplan soll in Richtung gesunde Ernährung verändert werden, was auf keinen Fall teurer sein muß: Zweimal in der Woche sollte eine Abendmahlzeit ausfallen. Der Körper erholt sich dadurch in der Nacht viel intensiver und entschlackt. Weniger Fleisch, weniger Alkohol und Zigaretten spart ebenfalls. Geradezu als Jungbrunnen für Schönheit und Sinnlichkeit wirkt sich das Heilfasten aus, für das es in vielen Broschüren Anleitung gibt.

Was der Körper nämlich an Energieaufwand für Entschlackung und Entgiftung einsparen kann, kommt alles einem besserem Lebensgefühl und einer sinnesfreudigen Aufnahmebereitschaft zugute.

Pflege

Die Liebe zwischen Mann und Frau beginnt schon weit im Vorfeld der Partnerbeziehung, ebenso allerdings auch mögliche Störungen und Konflikte. Dem können beide entgegenwirken, indem sie sich gegenseitig pflegen, gerade auch im körperlichen Bereich. Nicht allein die Krankenpflege, sondern vor allem die alltägliche Pflege des Körpers ist gemeint. Sie geschieht üblicherweise losgelöst vom anderen – ein Fehler, der aus prüden Zeiten herrührt, in denen Körper- und Intimpflege noch hinter verschlossenen Türen stattfanden, oft sogar bei Liebespartnern.

Die Wichtigkeit der mütterlichen Pflege für das Kleinkind ist selbstverständlich anerkannt, wobei die zunehmende Verbreitung der Shantala-Baby-Massage erkennen läßt, welche Steigerungsmöglichkeiten an Körperkontakt auch hier noch möglich sind (vgl. Leboyer 1979).

Daß Erwachsene diese Körpernähe angeblich nicht mehr brauchen, ist eine Fehleinschätzung, mit der Generationen körperfeindlich Erzogener ihre Berührungsängste zu rationalisieren versuchten. Zwar überleben erwachsene Menschen auch ohne Hautkontakt, geraten aber in seelische Einsamkeit, die zur Überbetonung anderer Lebensbereiche führt – bis hin zu feindseliger Aggressivität oder menschlicher Erstarrung.

So gewinnt die gegenseitige körperliche Pflege zwischen Partnern vielfache Bedeutung: sie ist einmal eine Möglichkeit, einer Entfremdung zwischen den Partnern vorzubeugen, zum anderen aber auch den so wichtigen direkten, nicht-sprachlichen Austausch zwischen ihnen zu vertiefen.

Ein Strom hin- und herfließender Gefühle wird so möglich, ohne daß alles beredet werden muß oder, wie dies in Krisen der Fall ist, alles zerredet wird.

Besonders bei Partnerstörungen der Sexualität, die schon lange dauern und tief sitzen, beginnt hier – vorsichtig tastend – der Weg der Heilung, zumindest wenn beiden daran liegt, die Beziehung zu retten.

Möglichkeiten dazu sind gegenseitiges Waschen und Duschen, das Einreiben, Einölen oder Eincremen und schließlich die vielen Formen der Massage. Grundregel dabei muß sein, daß diese pflegende Form der Beziehung auf keinen Fall dafür mißbraucht werden darf, auf Umwegen doch noch zum Geschlechtsverkehr zu kommen. Vor allem Frauen klagen immer wieder darüber und verlieren allmählich jede Lust am Sex, weil die Männer immer nur das eine Ziel des Eindringens und Samenergusses vor Augen haben.

▶ Die Ausführung der Partnermassage ist einfach und schön: Sie kann am Kopf beginnen und aufhören oder dem Kopf allein gelten oder den Füßen allein oder aber dem ganzen Körper. Trotz des klaren Verbotes zum Geschlechtsverkehr darf die Atmosphäre sinnlich sein: Der Raum muß gut warm und das Licht angenehm sein, Musik, Räucherstäbchen . . . das ist alles erlaubt. Die Partner sind nackt. Im wesentlichen sind es die Fingerspitzen, mit denen die Massage durchgeführt wird: sie beginnt erst ganz leicht den Körper zu erkunden, Kontakt mit ihm aufzunehmen, Atemrhythmus und Spannungszustand des Partners zu erfahren. Allmählich den Druck verstärken und so Muskelstruktur und Knochenbau fühlen. Dabei wird überhaupt nicht gesprochen, um diese Körpersprache nicht zu stören, es sei denn, der Massierte empfindet Schmerz oder sonstiges Mißbehagen. Nun gleiten die Fingerspitzen mindestens 15 Minuten lang über die entsprechenden Regionen, mit zeitweiligem Wechsel von Druck und neuem, sanftem Tasten. Schon bald läßt sich fühlen, wo die Muskeln weich und entspannt sind und wo hart und verkrampft. Dort bleiben die Fingerspitzen, verstärken den Druck rhythmisch oder gehen in Vibration über. Nicht gut ist es, solche Stellen weichzukneten oder zu lange dort zu verharren, lieber öfter dahin zurückkehren. Einfache Grundregel dabei ist, daß alle Bewegungen immer in etwa zur Körpermitte hin gehen sollen. Zum Abschluß der Massage wird die Berührung immer sanfter, kaum noch zu spüren, mehr wie ein Hauch. Beide bleiben dann noch eine Weile still liegen oder schlafen ein.

Gesundheit

Die Gesundheit des Körpers ist so selbstverständliche Voraussetzung für die Lustbereitschaft, daß sie meist unerwähnt bleibt und damit vernachlässigt wird. Es ist erstaunlich, wie häufig körperliche Anfälligkeit und Partnerstörung einhergehen, erstaunlich aber auch, mit welch einfachen Mitteln die Partner sich selbst und den anderen gesund erhalten können.

Sport:

Ist der Körper nur an die üblichen Alltagsbewegungen gewöhnt, lebt er auf einer Minimalstufe, Sauerstoffversorgung, Entschlakkung, Energiereserven und Abwehrkräfte sind stark reduziert, das Selbstwertgefühl geht dadurch auf Tauchstation.
Wird dagegen mindestens viermal pro Woche aktives Schwitzen erreicht durch Laufen, Aerobic, Skigymnastik oder Bewegungsspiele, sammelt der Körper ein jederzeit verfügbares Energiereservoir an. Der Erfolg ist durchschlagend: Die inneren Organe werden gestärkt, während der Nachtruhe z. B. pumpt das Herz mit jedem Schlag um so viel kräftiger, daß die gesamte Schlagzahl reduziert werden kann, womit viel ruhigerer Schlaf und damit wesentlich mehr Erholung eintritt. Dies führt zu einer Zunahme an Vitalenergie, depressive Störungen werden abgebaut, das Selbstvertrauen wächst, der persönliche Handlungsspielraum erweitert sich, und gerade auch im sexuellen Spiel ist viel an Luststeigerung möglich. Medizinische Untersuchungen weisen solche Veränderungen sogar eindeutig im Blutbild nach. Da es aber immer wieder anstrengt, sich zur sportlichen Leistung aufzuraffen, macht der Partner mit.

Entspannung:

Gerade nervöse Erregungsspannungen und Verkrampfungen verhindern das freie Fließen von Lustgefühlen im Körper, besonders aber die Entlastung im Orgasmus. Hier soll eine Partnerentspannung vorgestellt werden:

▶ Die Partner legen sich nebeneinander in 69er-Position, d. h. mit dem Kopf jeweils in Höhe der Leistengegend des Partners. Entweder legen sie dann eine Hand auf eine verkrampfte oder schmerzende Stelle oder auf das Genital beim Partner. Beide beginnen nun damit, verstärkt einzuatmen und lange auszuatmen. Sie versuchen gleichzeitig zu fühlen, was von der Körperstelle des Partners ausgeht und wie eigene Energie durch die Hand auf den anderen überfließt. Über die Vorstellung der Phantasie fließt dann in einem nächsten Schritt die eigene Kraft durch die Hand in den Körper des Partners, durch diesen hindurch und durch seine Hand hindurch wieder zurück in den eigenen Körper.

Atmung:

Der Atem als Odem des Lebens hat im Erzählen der Menschen bis zurück zur biblischen Schöpfungsgeschichte eine besondere Bedeutung. Als Träger der Vitalenergie hat der Atem in vielen östlichen Gesundheitslehren hohen Stellenwert, bei uns dagegen war lange Zeit nur dann die Rede davon, wenn einer »schlechten« Atem hatte. Durch die neuen Therapieformen der Humanistischen Psychologie findet das Atmen wieder die zentrale Beachtung, die ihm für die körperliche und seelische Gesundheit notwendigerweise zukommt. Die Partner können sich hierbei in besonderer Weise Gutes tun durch eine Übung, bei der sie wechselweise aktiv werden:

Während der eine sich mit gestreckten, leicht geöffneten Armen und Beinen ganz flach auf dem Boden ausstreckt, setzt der andere sich seitlich dicht daneben und beobachtet erst einmal genau den Atemrhythmus des Passiven. Er verdichtet diese Beobachtung dann dadurch, daß er mit einer Hand im Zentimeterabstand über die gesamte Körperoberfläche des Liegenden gleitet, ohne Berührung und doch deutlich den Wärmeaustausch an den gesund durchbluteten Stellen fühlend. Wo dagegen Verkrampfungen oder Schmerzen sind, ist es merklich kühler, abgesehen natürlich von Entzündungsherden oder Verletzungen. Dort fließt weniger Atem, Rhythmus und Vibration sind kaum oder gar nicht zu spüren.

Dann kniet sich der Aktive ganz dicht neben den Liegenden und legt eine Hand oberhalb des Brustbeins auf, so daß er das Heben und Senken beim Ein- und Ausatmen klar spüren kann. Nach etwa einer Minute beginnt er, die Brust des Liegenden während des Ausatmens mit guter Kraft und unter leichter Vibration niederzudrücken. Der Passive atmet dabei mit offenem Mund aus, möglichst mit einem leichten Brummton. Druck und Ausatmung gehen ganz tief und so lange, bis der letzte Atemtropfen entwichen ist. Beim langen Einatmen läßt der Aktive seine Hand leicht auf der Brust des Passiven liegen, um zu spüren, wenn der andere wieder auszuatmen beginnt, und ihn dann dabei erneut durch Drücken zu unterstützen. Dies geschieht etwa 10mal hintereinander.

Nach einer kurzen Zwischenpause mit relativ flachem Atmen des Passiven legt der Aktive seine Hand nun leicht unterhalb des Brustbeins auf, um nach kurzer Einfühlung die Druckunterstützung des Ausatmens zu wiederholen. Natürlich ist darauf zu achten, daß weder die Magengrube noch die Brüste oder der Halsansatz gequetscht werden, es dürfen überhaupt keine Schmerzen dabei entstehen, auch wenn der Druck recht kräftig sein soll. Schließlich wird das Ganze ein drittes Mal wiederholt, wobei der Aktive seine Hand jetzt zwischen Bauchnabel und Schamhaargrenze legt.

Der ganze Vorgang dauert höchstens zwanzig Minuten, dann können die Partner die Rollen tauschen. Eine zusätzliche Erweiterung dieser Übung ist dadurch möglich, daß die Übung durchgeführt wird, indem der Passive sich jetzt auf den Bauch legt. Dabei gibt der Aktive Druckunterstützung, indem er seine beiden Hände jeweils seitlich vom Rückgrat anlegt.

Diese Übung fördert in erstaunlicher Weise die aktive Entspannung und revitalisiert in kurzer Zeit. Bei sonst eher flach Atmenden kann am Anfang leichtes Schwindelgefühl auftreten, das aber in keiner Weise gefährlich ist. Bei Angstgefühl genügt es, den Atem flach und langsam werden zu lassen, dann aber ohne Druck.

Sinnlichkeit und Schönheit

Hier ist nicht der Ort im einzelnen zu erzählen, wie in unserem abendländischen Kulturkreis die Sinnlichkeit in die Nähe der Anrüchigkeit geriet – eine Geschichte, deren Anfänge fast zweitausend Jahre zurückliegen und die über weite Strecken identisch ist mit der – heute als verfehlt erkannten – Leibfeindlichkeit des Christentums. Gegenüber dieser lebensfremden Einstellung wird der Sinnlichkeit für das lebendige Wachsen der Partnerbeziehung und daher auch im Rahmen der Integrativen Gestalt-Partnertherapie zentrale Bedeutung beigemessen.

Wenn Sie innerlich bereit sind, einen solchen Gesinnungswandel in Richtung Sinnlichkeit mitzuvollziehen, werden Sie nach einigem Suchen und Einüben bald verheißungsvolles Land betreten. Und das Schönste daran ist, daß das Üben und Lernen von Sinnlichkeit selbst schon Freude macht, einfach und angenehm ist.

Es ist leicht, die Sinnlichkeit wiederzuerlernen, denn sie schlummert noch in uns allen, sehr dicht unter der Haut. Dazu dienen auch die folgenden Übungen, in denen die Partner einander lehren, sich mit allen Sinnen zu genießen. Im Vordergrund steht dabei die Öffnung der Sinne, wobei natürlich beide den Wunsch dazu haben müssen. Sind Störungen im Verzug oder Krisen bereits da, wird es komplizierter, weil dann die körperlichen Widerstände um so deutlicher spürbar sind. Trotzdem möchte ich vorschlagen, gerade in einer solchen Situation statt nächtelanger Endlosdebatten den direkten Körperdialog auszuprobieren.

Praktische Ansatzmöglichkeiten:
In Situationen, in denen der eine unwillig, eingeigelt oder beleidigt ist, der andere dagegen versucht, die Mauer des Schweigens zu durchbrechen, könnte er – wenn überhaupt noch eine Chance besteht – die *Öffnungsübung* vorschlagen:

► Der Aktive bittet den Partner, sich so, wie er ist, auf den Boden zu legen und zu einer (embryonalen) Kugel zusammenzurollen. Der Aktive setzt oder kniet sich daneben und beginnt ganz vorsichtig, den

Liegenden zu streicheln, mit aller Geduld und Ausdauer. Er verfolgt dabei kein anderes Ziel als dieses, durch sein Streicheln in dem Partner den Wunsch zu wecken, sich etwas zu strecken oder zu öffnen, zu dehnen wie eine Katze, damit mehr Körperfläche in den Genuß der zarten Handwärme kommt. Die Übung mag eine halbe Stunde und länger dauern; es darf kein Zerren und Fordern aufkommen. Hilfreich ist dabei Musik und weiches Licht.

Um deutlich zu machen, wie winzig dabei die einzelnen Schritte sein sollen, sei hinzugefügt, daß die Berührung z. B. an einem Zeh oder dem kleinen Finger beginnt – oder am Ansatz der Haare. Sie endet, wenn der Liegende sich in voller Länge ausgedehnt hat.

Bei gegenseitiger Bereitschaft füreinander ist das *Körperbemalen* eine sehr schöne Beschäftigung miteinander:

▶ Der eine legt sich nackt auf den Boden und läßt sich vom anderen den ganzen Körper bemalen, entsprechend der Stimmung oder dem Rhythmus des Atems oder der Musik. Verschiedene Farben eignen sich dafür, Theaterfarben verschmieren allerdings Kleidung oder Teppich. Filzstifte lassen sich schlecht abwaschen und halten mitunter tagelang, was aber gerade den besonderen Reiz ausmachen mag. Hier sind vor allem die Augen angesprochen: um das aber festzuhalten, lohnt es sich, ein Photo zu machen.

Fest der Sinne: Wie alle Feste, kann auch dieses nicht täglich gefeiert werden, es sollte zu einem besonderen Anlaß stattfinden:

▶ Mit viel Zeit und ohne Erwartung an den anderen setzen sich beide zunächst einander gegenüber, gerade so, daß die Knie nicht aneinander stoßen. Beide sind unbekleidet. Sie schließen die Augen und versuchen, soviel wie möglich von der Nähe des anderen zu spüren.

Nach einer Weile öffnen sie die Augen und betrachten sich gegenseitig, nehmen Körper und Seele des anderen in sich auf. Haben sie genug gesehen, schließen sie die Augen, um dem Wahrgenommenen in sich nachzuspüren.

Dann treten sie dicht voreinander hin, ohne sich zu berühren, und der eine beginnt, den anderen mit seinen Händen im Millimeterabstand nachzuzeichnen: jede Linie, jeden Zug, jede Erhebung und Senkung. Die Bewegungen dabei sind ganz langsam, damit der Passive die Energiewärme, die von den Händen des anderen ausgeht, spüren kann.

Nach dieser Reise von Augen und Händen und dem Tausch von aktiv und passiv erst beginnt die dritte und letzte Reise: Der eine umfaßt den anderen leicht mit seinen Händen und Armen und beginnt, mit seinem Gesicht den Körper des anderen zu erforschen, wiederum im Millimeterabstand. Er versucht dabei, den Geruch der verschiedenen Körperregionen in sich aufzunehmen, an bestimmten Körperteilen mit dem eigenen Atem Wärme zu spenden und einen zarten Austausch zwischen der Körperausstrahlung des anderen und seinen Gesichtssinnen herzustellen.

Den genannten Übungen ist gemeinsam, daß sie ohne Worte geschehen. In vielen Therapiemethoden dagegen und Ratgeberbüchern wird zu einseitig die Wichtigkeit des Gesprächs betont – aber Sinnlichkeit und Lusterfüllung können nicht herbeigeredet werden, der Orgasmus kommt nicht über den Verstand.

Mit allen Sinnen zu leben, ist das Ziel, nur dann wird es ein erfülltes Leben und Lieben. Zu den Sinnen gehört das Riechen, das Schmecken, das Hören und Sehen, das Tasten – nicht aber das Reden. Dabei will ich Denken und Reden nicht wegschieben, viele zerstören gerade durch dumpfes Schweigen ihre Partnerchancen – es soll vielmehr betont werden, daß Reden nicht zum Ersatz oder Hauptbestandteil einer Partnerschaft werden darf.

Experimentieren Sie dagegen, was Sie alles miteinander unternehmen können im direkten Kontakt, ohne zu reden. Für die Kinder ist das Spielen mit dem Körper noch selbstverständlich, für die Erwachsenen wird es durch Tabuisierung und Schamgrenzen fast unmöglich. Es braucht etwas Mut und die Erfahrung, die sich erst durch das Spielen einstellt, daß nämlich nichts daran schädlich oder verrucht ist, daß es nur die Lebensfreude weckt.

Sinnliche Menschen sind deshalb tolerant und friedfertig. Ohne Neid erkennen sie die Fähigkeiten des anderen, akzeptieren Anderssein und freuen sich an der Vielfältigkeit. Ein solcher Mensch wirkt durch seine Ausstrahlung sehr anziehend auf andere – er ist offen für die Liebe und dadurch schön.

Sinnlichkeit wird somit nicht nur eine wichtige Station auf dem Weg zur Partnersynthese, sondern zur wesentlichen menschlichen Integrationskraft: sie richtet sich sowohl auf das innere

Erleben in einem selbst als auch auf das Erleben im anderen und versucht, beides in Übereinstimmung zu bringen.

Sexualität

Sexualität ist: ein kleiner, freilich bedeutender Teil der Sinnlichkeit – Lust am Leben und Liebe an der Lust – körperliche Zwiesprache – mystische Versenkung – Zeichen für Gesundheit – schöpferische Lebenskraft – niemals verboten

Sexualität ist nicht: die ständige Wiederholung von Geschlechtsverkehr – die immer neue Handhabung von Geschlechtsteilen – die Anwendung von Techniken und Stellungen – das Erreichen des oder eines gemeinsamen Orgasmus – die Unterwerfung des einen unter die Wünsche des anderen – allein die Geschlechtsbeziehung zwischen Mann und Frau – primitiver blinder Trieb.

Es gibt inzwischen so viele gute Bücher über Sexualität und ihre Bedeutung, ihre Störungen und deren therapeutische Lösungsmöglichkeiten, daß ich kein neues hinzufügen möchte. Zu bemerken ist, daß die Flut der Aufklärungswelle keine wesentliche Verbesserung brachte, daß sie sich allein auf Sex konzentrierte und damit die Abspaltung des Sex vom übrigen Leben vertiefte, wenn auch völlig ungewollt.

Die wichtigsten Punkte einer – vielen Lesern zweifellos noch ungewohnten – neuen Geschlechtslehre sind:

1. Sexualität muß befreit werden von jeder Art von Zwangsmoral und Normenkontrolle. Sie wird durch staatliche oder kirchliche Eingriffe nicht besser, nur schlechter. Unter gleichberechtigten Erwachsenen gibt es keine Pornographie. Zahllose Untersuchungen und Beweise (vgl. Needham 1978, Chang 1978, Talese 1981) zeigen, daß eine Betrachtungsweise der Sexualität, die frei ist von moralischer Bewertung oder Einschränkung, auf keinen Fall zu Perversion und Kriminalität führt, sondern im Gegenteil von vielen pathologischen Anomalien und Verirrungen befreit. In Kulturen, die den Liebesakt als Teil einer natürlichen Ordnung ansehen, kam es jahrhundertelang nicht zu sadistischen und masochistischen Zügen in diesem Bereich (Needham 1978).

2. Den Folgen moralischer Verurteilung von sexueller Sinnlichkeit muß energisch entgegengewirkt werden. Dadurch allein ist es möglich, daß Partner frei und ohne Scham auch über die intimsten Wünsche und Probleme miteinander reden können, daß grundlegende und bedeutende Werke erotischer Literatur, wie vor allem die großen östlichen und westlichen Lehren über Sexualität, nicht zur Schlafzimmerlektüre des Onanierers degradiert werden und daß gerade Jugendliche den Zugang zu diesen Büchern finden. Es spiegelt die Verwirrung bei Regierenden, Behörden und öffentlichen Moralhütern wider, daß gerade solche Literatur durch Polizei beschlagnahmt wird – so geschehen noch 1983 in München. Das »Kamasutra«, das »Tantra der Liebe«, das »Tao der Liebe« oder, als europäisches Gegenstück die Weisheiten der Aspasia, sind wichtige und wertvolle Lehren, die Liebespartnern und solchen, die es werden wollen, helfen.

3. Sinnlichkeit und Sexualität lassen sich nur begrenzt durch Bücher lernen, auch nicht allein durch Reden. Wir bekommen sie aber auch nicht als Geschenk des Himmels oder als Erbgut in den Schoß gelegt. Besonders zwischen den Partnern ist es daher wichtig, in angstfreier Weise Erfahrung zu sammeln und mit Sexualität zu experimentieren.

Bereits für Kinder und Jugendliche muß es möglich sein, sich in der eigenen Geschlechtsidentität zurechtzufinden. Selbstbefriedigung dient dabei notwendig der Identitätsfindung und Verwirklichung beider Geschlechtsanteile in sich. Jeder muß in sich seine männlichen und weiblichen Anteile zur Entfaltung bringen. Jede einseitige Ausprägung von Geschlechtsmerkmalen vergrößert die Kluft zwischen Mann und Frau und damit die Krisenanfälligkeit der Beziehung.

4. Zum Umgang mit und zur Behandlung von sexuellen Störungen ist zu sagen, daß diese so gut wie nie auf eine körperliche Ursache zurückzuführen sind, höchstens in 1 Prozent der Fälle. Sexualtherapie ist deshalb auch immer Behandlung seelischer und gesellschaftlicher Ursachen.

5. Am schwierigsten dürfte es aber sein, die inhaltliche Neuorientierung dieser Geschlechtslehre nachzuvollziehen:

- Als Anhaltspunkt für sexuelle Befriedigung gilt der Orgasmus der Frau.
- Der Mann lernt, daß er Orgasmus erleben kann ohne Samenerguß.
- Der Geschlechtsverkehr soll nur ab und zu mit dem Samenerguß des Mannes enden.
- Das Erfinden sexueller Praktiken geschieht durch einfühlende Sinnlichkeit. Gradmesser dabei ist das Lustempfinden beider Partner, nicht der erreichte Orgasmus.

6. Heterosexualität, Bi-Sexualität und Homosexualität sind gleichwertiger Ausdruck.

Die praktischen Veränderungen im sexuellen Verhalten, die sich aus dieser Neuorientierung ergeben, sind erheblich: Wesentlich ist der Abbau der Orgasmusfixierung, d. h. der Geschlechtsverkehr dient nicht allein dem Ziel, Orgasmus zu bekommen, schon gar nicht besteht das Ideal im gemeinsam erreichten Gipfel oder gar nur im männlichen Samenerguß.

Damit wird keine neue Moral der Frauenbewegung vertreten, sondern die lustvolle Entfaltung von mehr Sinnlichkeit durch mehr Spiel und größere Bandbreite, als dies auf der Einbahnstraße zum Samenerguß möglich ist. Lernt der Mann, seinen Samen zurückzuhalten, so erreicht er ungleich größere Ausdauer und hat Zeit, sich auf die Schönheit und Zärtlichkeit seiner Partnerin einzustellen, ihr in die feinsten Fasern ihrer Erregung zu folgen, die Höhen ihrer Lust mitzuerleben und schließlich selbst einen eigenen Höhepunkt zu genießen, ohne danach gleich fertig oder müde und erschöpft zu sein.

Um einen zu schnellen Samenerguß oder gar vorzeitigen Samenerguß (ejaculatio praecox) zu vermeiden, empfiehlt sich nicht so sehr die squeeze-technique nach Masters und Johnson oder H. Kaplan, sondern es genügt, wenn der Mann während des Ansteigens der Erregung den Penis teilweise aus der Scheide zurückzieht und den Unterleib zusammenzieht, als wollte er den Harn anhalten. Dabei muß tief durchgeatmet werden. Nach der Drucktechnik von Master und Johnson zieht der Mann dagegen bei größerer Erregung den Penis ganz aus der Scheide, und die

Partnerin drückt dann den Penisschaft unterhalb der Eichel kräftig zusammen, wodurch der Samen festgehalten wird, bis die Erregung abgeklungen ist. Das »Tao der Liebe« empfiehlt noch Einfacheres: Der Mann drückt, wenn er die Erregung so stark spürt, daß er fürchtet, den Samen nicht mehr halten zu können, auf den Damm zwischen After und Hodensack.

Mehr braucht hier nicht gesagt zu werden. Für Einzelheiten ist die entsprechende Literatur zu lesen.

Alle Formen möglicher Sexualstörungen können so überwunden werden. Es bedarf dazu freilich langer Geduld und innerer Einstellungsänderung. Aber sind wir nicht auch bereit, für eine neue Fremdsprache oder ein anderes, uns wichtiges Gebiet unserer Weiterbildung jahrelang zu lernen?

Voraussetzung ist hier allerdings, daß beide es wollen. Dann lassen sich sexuelle Störungen überwinden. Ist aber die Partnerharmonie gestört oder durch Streit zerstört, schaffen es die Partner allein nicht mehr. Sie würden sich immer wieder von neuem in alte Fehler verstricken. Dann ist es ratsamer, eine gemeinsame Partnertherapie mitzumachen. Das »Tao der Liebe« ist auch dabei eine hilfreiche Form der Versöhnungsarbeit.

Wissen durch Verstehen

Die Partnerbindung fordert den Menschen in seiner Ganzheitlichkeit wie sonst kaum ein anderer Lebenszweig. Deshalb beziehen wir auch Denken, Erkennen, Wissen und Verstehen mit ein. So wenig wie die Liebe reine Gefühlssache, die Sexualität reine Körperangelegenheit, so wenig ist die Partnersynthese Ergebnis nur des einen oder anderen Bereichs. Alle Ebenen des Menschen müssen gleichermaßen am Wachsen dieser Bindung mitwirken. Wissen ist hier allerdings nicht Anhäufung von Kenntnissen einer Fachdisziplin, auch gibt es kein Richtig oder Falsch und kein Auswendiglernen. Kennzeichnend für dieses Wissen ist gerade, daß es durch Erleben verinnerlicht, durch Erfahrung gespürt werden muß. Deshalb ist auch eine sachliche Beweisführung nicht möglich, und die früheren Auseinandersetzungen vor Gericht über Schuld oder Unschuld waren paradox – ebenso wie die Klage »Du liebst mich nicht richtig«.

Dennoch handelt es sich in Liebesbeziehungen und Partnerbindungen auch nicht um Angelegenheiten reinen Mutmaßens, denn jeder Mensch kann diese Gefühle erkennen und weiß um sie. Es gibt dabei emotionale Übereinstimmung und Stimmigkeit, die für die meisten Menschen überzeugender sind als wissenschaftliche Untersuchungsergebnisse oder juristische Beweisführung. So ist auch zu erklären, daß die Frage »Warum liebst Du mich nicht mehr?« letztlich immer ohne befriedigende Antwort bleibt, denn es gibt keine Logik, sondern nur eine Dynamik der Partnerentfaltung. Die entscheidende Frage müßte also lauten: »Wie ist es geschehen, daß Du mich nicht mehr liebst?«

Die erste Frage sucht immer einen Grund und verlangt eine Rechtfertigung, die zweite geht davon aus, daß ein Prozeß, eine Entwicklung stattgefunden hat, und versucht, zu verstehen. Gleiches gilt für die anschließende Frage: »Warum gehst Du zu der andern Frau?« – sie wird nur Anklage und Rechtfertigung zur Folge haben, während doch erst die Frage »Welchen Sinn hat es für Dich, mit welchem Ziel gehst Du zu der anderen Frau?« Verstehen möglich machen würde. Und wenn es überhaupt möglich ist, einen Partner zurückzugewinnen, so ist Verstehen der einzige Weg. Andere Methoden, wie Anklage, Erpressung oder Drohung, wirken nur begrenzte Zeit und heilen nichts.

So entsteht Wissen um den anderen und seine Liebe durch Verstehen. Sinnlichkeit, d. h. die offene Wahrnehmung dessen, was sich in mir und im anderen an Prozessen abspielt, ist die beste Voraussetzung für dieses Wissen durch Verstehen.

So gilt es auch in der Liebe viel zu wissen. Naivität und Unerfahrenheit haben nur sehr begrenzten Reiz und wirken schnell kindisch. Deshalb sind hier die wichtigsten Stichworte dazu noch einmal gesondert zusammengefaßt. Solches Wissen um »Menschlichkeit« und Erfahrung darin verleiht ja auch innere Selbstsicherheit, bereitet Freude und eröffnet immer wieder neue schöpferische Möglichkeiten.

Zum Verständnis und Wissen von Partnerschaftskonflikten

Neuorientierung

Frau und Mann erfahren in der Langzeitbindung die Möglichkeit ganzheitlicher, menschlicher Entfaltung bis zur Partnersynthese. Sie bilden dann eine Ganzheit voll kreativer Potenz. Ent-zweiung und Einswerdung, Hingabe und aggressiver Kampf sind polare Bewegungen in diesem Wachstumsprozeß – die Partner werden Abbild universeller Einheit.

3 Grundregeln

- Beide müssen sich frei und in jeder Phase neu für die Langzeitbindung entscheiden.
- Beide sind für gute oder schlechte Erfüllung verantwortlich.
- Konfliktlösung ist nicht durch Erpressung oder Verordnung, aber durch Reifung möglich.

4 Entscheidungs-aspekte

- innere Entscheidung zwischen 8 Partnerformen: traditionelle Ehe, Offene Ehe, Ehe ohne Trauschein, Partnertausch, Kommune, Dreiecksbeziehung, sukzessive Ehen, Partnerschaft auf Zeit.
- Partnersynthese als Ziel: mit Phasen polarer Prozesse.
- Inhalte der Partnerschaft: 4 Partnerfähigkeiten
- Grundlagen der Partnerschaft: traditionelle Basis, gemeinsame Neuorientierung, Zweckgemeinschaft usw.

4 Partnerfähigkeiten Hingabe – Gefühlsentfaltung – Abgrenzung – Integration

4 Partnerstile

Jede Partnerschaft ist gekennzeichnet durch vorrangig verwendete Stile beider Partner: 1. Rückzug – 2. Angriff – 3. Starre – 4. Überflutung, die durch einseitigen Gebrauch Konflikte erzeugen.

4 Dimensionen der Partnerarbeit

Jedes Paar und alle Partnertherapie muß mit einem mehrdimensionalen Ansatz arbeiten, um die Partnersynthese zu erreichen: Vorbeugung gegen Entzweiung – Entfaltung der Partnerpotentiale – Bewahrung der Partnersubstanz – Wiederherstellung gestörter Substanz.

6 Phasen

Jede Partnerschaft durchläuft dynamische Entwicklungsphasen, die mit Konflikten gekoppelt sind: Hingabe, Aufbau, Lebensmitte, Altersbeginn, Rentenzeit, Frieden.

12 Konfliktbereiche Sexualität – Kinder – Verwandte – Beruf – Lebensziele – Freizeit – Sucht – Rollenveränderung – Geld – Wertorientierung – gesellschaftlicher Hintergrund – Freundschaft.

176

Umwelt

Wie gewaltig die Umwelt eine Zweierbeziehung beeinflußt und sie durch Zwangsmoral, Verhaltensvorschriften und soziale Kontrolle ihrer natürlichen Selbstheilungskräfte beraubt, haben wir in den vorausgehenden Kapiteln eingehend erörtert. Wir alle sind diesen Einflüssen über Konsumverhalten, Denkansätze, politische Realitäten, Berufsleben und gesellschaftliche Strömungen ausgesetzt – auch dann wenn wir versuchen, mit den Traditionen und überlieferten Normen zu brechen oder »auszusteigen«. Es kann hier auch gar nicht unser Bemühen sein, solche Einflüsse auszuschalten, sondern sie gerade durch ihre nüchterne Anerkennung in ihren Auswirkungen kritisch relativieren zu können – d. h. der öffentlichen Moral unsere natürliche gleichberechtigt zur Seite zu stellen.

Herkunftsfamilie und »Ahnen-Botschaften«

Die tiefgreifendste Beeinflussung liegt in der Regel in den persönlichen Wurzeln, d. h. in den Auswirkungen der Herkunftsfamilie. Für die spätere Partnerfähigkeit sind entscheidend die Qualität und das Ausmaß an Liebe, Sinnlichkeit, Sexualität, Auseinandersetzungsbereitschaft und Konfliktlösungsmöglichkeit, die das Kind an den Eltern beobachten und so lernen konnte und die es durch die Eltern an sich selbst erfuhr. Jede Form von Einseitigkeit, Abhängigkeit, Gewalt, Starre, Prüderie und Überflutung zwischen Vater und Mutter mindert die Chancen des Kindes, später selbst glückbringender Partner zu werden. Und noch weiter zurück gehen die Wurzeln: In vielen Partnertherapien zeigt die Familienrekonstruktion in oft erschreckender Weise, wie massiv die Einflüsse auch der Großeltern, ja der Urgroßeltern und weiterer Vorfahren sind: diese »Botschaft der Ahnen«, deren Leben, Lieben und Leiden wird oftmals, bis ins Detail übereinstimmend, von den Enkeln und Urenkeln nachvollzogen, es entsteht der Mythos der Generationen. Trennungen,

Krankheiten, seelische Störungen, Selbstmorde, Depression und Leid wiederholen sich in rätselhafter Kette. Angeblich wissenschaftlich fundierten Behauptungen, die solche Zusammenhänge auf biologisch bedingte Vererbung oder konstitutionelle Faktoren zurückführen wollen, ist zu widersprechen: Es sind nicht Ei und Samen, nicht die Gene, die diese seelischen Verhaltensweisen als »Veranlagung« festlegen, sondern vielmehr die erstaunlich genaue Beobachtung und Nachahmung schon des Kleinkindes und die Übernahme, die Einverleibung von Rollen durch den Heranwachsenden. Kinder werden auf diese Weise, wenn auch zumeist unbeabsichtigt, zum Vollstrecker der elterlichen Lebensgestaltung.

Beruf

Ein zweiter großer Einflußbereich für die Partnerbeziehung liegt in der beruflichen Eigenart. Daran läßt sich nun leider auch therapeutisch nicht viel ändern, denn ein Pastor spricht nun mal anders mit seiner Frau als ein Seemann und ein guter Rechtsanwalt zieht seinen Ehestreit anders auf als eine Krankenschwester, ein Top-Manager mag die Familie anders in seine Karriere mit einbauen als ein Künstler die Partnerin, positiv oder negativ, in sein Werk einschließt.

Das Bild von Frau und Mann

Der dritte massive Einfluß von außen liegt in dem jeweils gängigen gesellschaftlichen Idealbild von Mann und Frau.
Heute wünschen sich die Progressiven, zu denen ich mich auch rechne, die Wirklichkeit einer starken Frau und eines starken Mannes, die sich gleichberechtigt gegenübertreten, wechselweise die Initiative ergreifen, Zärtlichkeit zeigen und selbständig sind. Wichtig erscheint mir diese ganzheitliche Qualität von Mann und Frau auch in der Kindererziehung, um so mehr als in Politik und Rechtsprechung noch immer daran festgehalten wird, daß die Mutter-Kind-Beziehung die alles entscheidende sei. Damit wer-

178

den Normen verteidigt, die unter heute nicht mehr bestehenden wirtschaftlichen und gesellschaftlichen Verhältnissen entstanden sind, keine objektive Grundlage haben und für die menschlich-gesunde Entwicklung des Kindes eher abträglich sind. Statt dessen wird jeder, der Kinder gut beobachten kann, feststellen, daß sie die Beziehung zu Mutter und Vater mit gleich intensiver, existentieller und gefühlsmäßiger Dichte aufbauen und ausleben, wenn sie nur beide Eltern gleichermaßen erleben dürfen. Das aber geht gar nicht, wenn die öffentlichen Instanzen die Frau für die Kinder und den Mann fürs Geldverdienen zuständig erklären. Damit erübrigt sich auch die so endlos-nutzlos geführte Debatte, ob die Unterschiede zwischen Mann und Frau angeboren oder anerzogen seien.

Wichtig ist jetzt – für die Paare, aber auch die Gesellschaft insgesamt –, daß die Geschlechter voneinander lernen, statt sich zu bekämpfen. Das Ziel dabei ist die Integration dessen, was wir heute mit männlich und weiblich meinen. Dann brauchen wir nicht mehr miteinander zu ringen, dann gibt es Frieden. Eines Tages wird dann die Mütterlichkeit ebenso durch Frauen in Politik, Regierung und Kirchen vertreten sein, wie dies heute für die Väterlichkeit als selbstverständlich gilt. Die große Bedeutung, die der Liebesbeziehung, der Mann-Frau-Vereinigung in der Zukunft zukommt, wird dramatisch in der 1984er-Welt von George Orwell verdeutlicht. Ich glaube, daß im Kampf gegen die Übertechnisierung, gegen die Allmachtsansprüche der sogenannten Ordnungskräfte und der Bürokratie, gegen die fernseh-gesteuerte Überwachungswelt von morgen gerade die sinnliche Liebe zwischen Mann und Frau zum entscheidenden Bollwerk werden kann – wir müssen deshalb für sie eintreten.

Praktische Ansatzmöglichkeiten:

▶ *Familienrekonstruktion:* die beiden Partner zeichnen jeder für sich auf ein großes Blatt die Botschaften und Beziehungsauswirkungen, indem sie von den Großeltern zu den Eltern und dann zu sich selbst und zu den Kindern Verbindungslinien ziehen. Mit roter und schwarzer Farbe werden positive und negative Einflüsse eingetragen, durch Querstriche schreckliche Erlebnisse, wie plötzlicher Verlust oder Gewalt. Das Fehlen einer dieser Personen wird durch ein großes schwarzes Feld gekennzeichnet. Für jede deutliche Gefühlsqualität, die von einer der beteiligten Personen zu einer anderen im Beziehungsnetz ausstrahlt, wird eine Linie gezogen und mit Richtungspfeil versehen.

Haben beide Partner dieses Beziehungsnetz vollendet, legen sie die beiden Pläne nebeneinander und vergleichen sie miteinander.

▶ *Rollenspiele* mit guten Freunden zusammen oder auch nur zu zweit: Die Partner versuchen, Konfliktszenen ihrer Beziehung nachzuspielen. Ist dieses einigermaßen gelungen, beginnen sie das Spiel noch einmal, jetzt aber mit vertauschten Rollen. Genauso wirksam ist dieser »Rollentausch« bei aktuellen Krisen oder Partnerproblemen.

Für Laien ist es zwar erstaunlich schwierig, diesen Wechsel in die Rolle, die Redeweise und Streittaktik des Partners hinein etwa eine halbe Stunde lang durchzuhalten, bringt aber schon nach wenigen Versuchen tiefe Erlebniseinsichten. Die versuchsweise oder völlige Identifikation, die dabei notwendigerweise stattfindet, ermöglicht viel größere Verständigungsbereitschaft. Machen Freunde dabei mit, können sie bei Blockierungen einspringen oder die Rollen aus ihrer Sicht vorspielen. Im Spiegel der anderen das eigene Verhalten wiedererkennen zu müssen, ist manchmal erschreckend. Die Mann-Frau-Rollenverteilung wird dabei besonders deutlich.

Hat jemand Video-Möglichkeiten zu Hause, sollten die Partner die Geräte öfters dazu benutzen, solche Streitgespräche und Rollenspiele aufzunehmen. Die eigene Bosheit bei solchen Auseinandersetzungen wird dadurch glaubhafter.

Das soziale Netzwerk

Die Umwelt bedeutet für eine Partnerschaft natürlich weit mehr als die bisher geschilderten Einflüsse meist negativer Art. Sie ist eines der Fundamente der Partnerbindung (vgl. Kap. 1), Existenzgrundlage und Lebensraum für das Paar. Die Umwelt bietet das soziale Netzwerk, durch das Mann-Frau mit den anderen

Menschen verknüpft sind: den Verwandten, den Freunden, den Kollegen und den Feinden. Darin vollzieht sich die Wirklichkeit des Lebens und der Liebe. Daher ist es für das Paar besonders wichtig, die eigene Verwobenheit mit dieser Welt in ihren positiven und negativen Einwirkungen zu überprüfen.

Praktische Ansatzmöglichkeiten:

▶ Das Paar zeichnet gemeinsam einen *Verknüpfungsplan* und trägt darin die verschiedenen Umweltbereiche ein, wobei die Partner die Art der Einwirkung durchaus verschieden beurteilen können. Dann kennzeichnen sie dies durch + und − Pfeile.
Steht der Plan, prüft das Paar die verschiedenen Gewichtungen und klärt, wo Änderungen nötig und möglich sind.

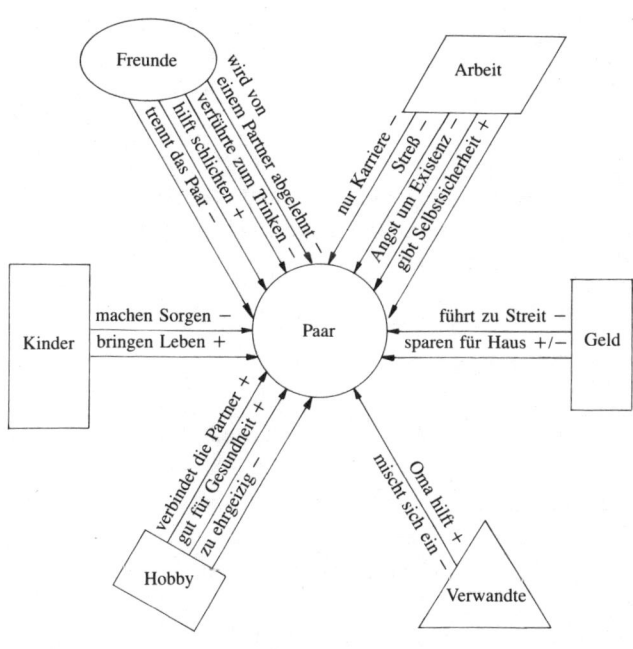

Im Bereich Umwelt ist es besonders schwierig, das richtige Maß zu finden zwischen Abgrenzung und Verknüpfung. So sind von Freunden und Bekannten völlig isolierte Paare ebenso gefährdet wie Paare, die keinerlei Intimraum mehr haben. Erfolg im Beruf gehört zur existentiellen Geborgenheit, Gefahren drohen jedoch bei übersteigertem Ehrgeiz und zwanghaftem Pflichtbewußtsein, da sie die meiste Partnerzeit rauben oder die Reste davon zerstören.

Gemeinsam die Umwelt zu genießen und ihre positiven Möglichkeiten auszuschöpfen ist die eine Seite; die andere ist, sich von den massiven negativen Einwirkungen abzugrenzen, und eine dritte liegt darin, daß die Partner auch getrennt voneinander, jeder für sich, eigenständige Verknüpfungen im sozialen Netzwerk besitzen müssen.

Der Partner verkörpert nicht nur den untrennbaren Teil eines Identitätsgefüges, er ist ja zugleich auch Bestandteil der Umwelt, wenngleich der intimste. Also gilt es auch, sich gegen ihn abzugrenzen, auch seine Einflüsse zu filtern. Abgrenzung und Öffnung gegenüber dem eigenen Partner sind aber am schwierigsten in der Balance zu halten, sie fordern ganz besonders die persönliche Autonomie und die Integrationskraft des einzelnen heraus, wie sie vor allem bei Streitigkeiten, Krisen und Partnerkonflikten gebraucht werden.

Im Konfliktstadium

Die Krisenhaftigkeit von Partnerschaften ist uns allen bekannt. Demgegenüber sei hier das Neuverständnis von Partnerkonflikten verdeutlicht: Sie gehören zum Aufbau einer Beziehung dazu, sind unverzichtbarer Bestandteil – ohne sie tritt Starre und Lähmung ein, die Beziehung stirbt langsam, denn sie bewegt sich nicht.

Zwistigkeiten, Streitigkeiten, Untreue und Seitensprünge, Machtkämpfe, Trott, Monotonie und Langeweile, Gewaltausbrüche, Enttäuschung und Verletzung, Zusammenbrüche und

Verzweiflung und der ganze übrige Katalog möglicher Partner-konflikte sind und bleiben auch in diesem neuen Verständnis nicht leicht zu ertragen und stellen das Paar oft genug vor eine Zerreißprobe. Das Wissen darum aber, daß diese »Symptome« ebenso zur guten Partnerschaft gehören wie Zärtlichkeit und Hingabe, ja sogar wichtige Bausteine für ihre Weiterentwicklung darstellen, mag zumindest ein wenig helfen, den Blick auf das Ganze nicht zu verlieren. Das Unglück in der Liebe läßt uns doch nur deshalb so verzweifeln, weil wir glauben, eigentlich dürfe es gar kein Unglück darin geben.

Praktische Ansatzmöglichkeiten:
Das Allerschwierigste bei der Bewältigung von Partnerproble-men ist und bleibt, daß selbst bei gutem Willen von beiden Seiten und dem Wissen um die Gründe oder Ursachen dafür eine entsprechende Veränderung des persönlichen Verhaltens nicht von heute auf morgen erreichbar ist. Selbst die Erkenntnis und Einsicht über das eigene Fehlverhalten führen nicht automatisch und überdies recht selten zu Verhaltensänderung und zur Besse-rung.

Dieser Umstand ist so erstaunlich und bedeutungsvoll, daß es in der Psychologie einen eigenen Fachausdruck dafür gibt: kogni-tive Dissonanz. Der Raucher raucht weiter, obwohl er das extrem hohe Gesundheitsrisiko kennt; der Alkoholiker trinkt weiter, obwohl er weiß, daß er und die Familie daran zugrunde gehen; die Partner giften einander an und verletzen sich, obwohl keiner für sich oder den anderen diese Schmerzen, dieses Leiden und dieses Unglücklichsein will.

Aus diesem Dilemma heraus führt meines Wissens nur ein Weg, wie die Integrative Gestaltpartnertherapie ihn aufzeigt: Das Wis-sen, die Einsicht, die Erkenntnis um die Konflikte und Streitig-keiten müssen mit innerem Gefühlserleben, mit körperlichem und seelischem Mitschwingen verknüpft werden. Daraus ent-steht die sogenannte Evidenz: eine Augenscheinlichkeit, die den Menschen total erfaßt, in seiner Ganzheitlichkeit, auf allen seinen Ebenen.

Dann entstehen nicht allein der gute Vorsatz und der Wille zur Besserung, sondern es tritt ein inneres Bedürfnis nach entsprechender Verhaltensänderung ein (vgl. Petzold 1978).

Der Weg dahin ist weniger schwierig und kompliziert, als viele denken mögen, wenn es gelingt, 1. die Willigkeit beider Partner, 2. ihre Problemerforschung und 3. ihre aktive Auseinandersetzung miteinander zu verknüpfen. Es bedarf aller drei Aspekte gleichzeitig; einmal in Gang gesetzt, können sie aber auch zeitlich gestaffelt in Angriff genommen werden. Die folgende Beschreibung soll dies verdeutlichen.

Die Willigkeit beider Partner

Beide Partner müssen wollen – das ist die alles entscheidende Voraussetzung. Sie müssen die Lösung der Probleme wollen, keiner darf es dem anderen überlassen oder gar allein auf diesen abschieben. Immer sind, von einer ausgesprochenen Krankheit abgesehen, beide Partner für den Konflikt verantwortlich, mag der Schein auch noch so sehr dagegen sprechen. Oft wirkt der eine überlegen, ruhig und sachlich, vernünftig und in Ordnung, während der andere unzufrieden, nörgelnd, untreu, ungerecht und unwillig erscheint. Selbst die besten Freunde oder gerade sie machen diese Trennung in Gut und Böse, Richtig und Falsch meist mit. Eine solche Aufteilung ist aber immer der Anfang einer endgültigen Trennung.

Wie aber ist dieses gemeinsame Wollen zu erreichen? Oft genug klinkt sich ja der eine aus, indem er die Schuld allein dem anderen gibt: »Ich bin doch nicht krank« heißt es dann, »geh Du doch zum Psychologen – ich weiß gar nicht, was Du dauernd von mir willst, mir geht es gut – das ist Dein Problem, schau, wie Du damit fertig wirst – Du hast doch angefangen, es ist Deine Schuld, daß . . .«

Das Gewinnen des anderen für die aktive Beteiligung an der Konfliktlösung geht wahrscheinlich nur durch Vermitteln der eigenen inneren Betroffenheit. Dies erfordert, daß der eine sich ganz öffnet, mit Kampf, Trauer und Schmerz, mit dem ganzen

184

Ausmaß an körperlicher und seelischer Verzweiflung und ohne zu taktieren. Das kommt gewiß einem inneren Bloßlegen gleich, was in der Stunde der äußersten Partnerkrise besonders schwer fallen muß und eine ungeheure Partnerfähigkeit zumindest des einen fast voraussetzt. Alle Partnerstile müssen hier zur Anwendung kommen; bloßes Jammern allein oder ständiges Anklagen, innere Erstarrung oder chaotisches Agieren führen nur tiefer in die Entzweiung.

Die Willigkeit der Partner kann zunächst einmal als gegeben gelten, wenn beide sich bewußt dafür entscheiden, zusammenbleiben zu wollen, trotz des Vorgefallenen. Die eigenen Verletzungen machen es oft schwer, die Zustimmung zur Fortsetzung der Partnerschaft eindeutig zu geben, zumindest aber muß erkennbar werden, daß jeder daran arbeiten will.

Scheinbar härter, in Wirklichkeit aber weitaus hilfreicher und für jeden der beiden sinnvoller ist es, eine innere Entscheidung gegen diese Partnerbeziehung, falls sie bereits getroffen ist, sofort klar auf den Tisch zu legen. So groß der Schock beim anderen dann auch sein mag, er kann auf Dauer besser mit einer solchen Gewißheit leben und sein eigenes Leben reorganisieren als mit der verborgenen und verheimlichten, aber ständig gefürchteten und geahnten Drohung einer möglichen Trennung.

Die Bereitschaft für diese Partnerschaft kann niemals erzwungen, immer aber erstritten werden, wobei mit Streiten hier die absolute Bereitschaft gemeint ist, die Beziehung positiv zu verändern (vgl. Bach/Wyden 1977).

Die Willigkeit des einen oder anderen zu erreichen, wird dadurch sicherlich erleichtert, daß er sich zunächst nur zwischen Ja oder Nein zu entscheiden braucht – und er kann dies sehr viel schneller, freier und sicherer tun, wenn er spürt, daß es tatsächlich seine eigene Entscheidung ist, ohne dafür verurteilt zu werden. Nach dem »Ja zur Fortsetzung der Beziehung« kann der Weg zur Konfliktlösung durch Therapie fast immer gefunden werden.

Die Willigkeit der Partner zu erkennen, ist sehr leicht: sie müssen dann beide bereit sein, aktiv an der Lösung mitzuarbeiten, die mit der eigenen und gemeinsamen Problemerforschung beginnt.

Problemerforschung

Problemerforschung ist deshalb so wichtig und gleichzeitig so schwierig, weil sie als Fallstricke die Erlebnisverschränkung eingebaut hat, nämlich den anderen als Verursacher meines Unglücks zu sehen, ohne zu erkennen, wie sehr ich den anderen unglücklich mache. Sie beginnt mit der schonungslosen Feststellung der Partnerschwierigkeiten unter absoluter Einhaltung zweier Regeln:

1. In gemeinsamer *Bestandsaufnahme* wird keinerlei Anklage, Angriff oder Beschuldigung erhoben, sondern lediglich versucht, das Ausmaß eigenen Leidens verständlich zu machen. Ohne Polemik wird das auslösende Fehlverhalten des anderen genannt. Um sofortigen Rückfall in gegenseitige Anklage zu vermeiden, trägt der eine seine Sicht eine halbe Stunde lang vor, der andere hört nur aktiv zu – dann wechseln die Partner die Rolle.

2. Mit Hilfe des Partners wird die *Eigenbeteiligung* an der Problement-stehung ausgelotet. Jeder versucht, zu erkennen, wo die eigenen Fehler liegen, die den anderen zu seinem Fehlverhalten führen oder diesen nicht davon loskommen lassen. Der Partner soll durch seine Rückmel-dungen dabei helfen, aber in so vorsichtiger Weise, daß er den Suchen-den nicht verletzt oder zum Gegenangriff herausfordert.

Die Bereitschaft und Willigkeit, die Partnerbeziehung zu verbes-sern, verlangt gleichzeitig immer auch die Einsicht und Arbeit an den eigenen Fehlern, sich selbst der Kritik spürbar auszusetzen und die ständige Bemühung, in erster Linie das eigene Verhalten auf Konfliktauslösung und Veränderungsmöglichkeit hin zu überprüfen. Der Partner »bessert« sich dann von allein und mit Freuden.

Nach der Bestandsaufnahme geht das Paar über zur Suche nach dem *Streitobjekt*.

3. Viele Paare lernen im Lauf der Jahre, sich über alles und jedes zu streiten – bei der kleinsten Kleinigkeit schon besteht die Gefahr einer Eskalation des Partnerkrieges über jeden Sinn hinaus. Das Paar soll deshalb dazu übergehen, vor oder nach jedem Streit zu überprüfen, ob es sein mußte oder ob der eigentliche Anlaß dafür ganz woanders liegt. Zu

überprüfen ist weiterhin, ob jeder für sich diesen Streit wollte oder unglücklich hineingestolpert ist und nachher nicht mehr zurück konnte. Immer wieder muß jeder für sich die Frage beantworten: Wozu, mit welchem Ziel streite ich – was will ich damit erreichen? Schlage ich damit den richtigen Weg ein?

Die Suche nach dem Streitobjekt setzt also nicht so sehr in der Vergangenheit an, sondern bei der Suche nach dem Sinn und Ziel: Will einer dadurch mehr Zuwendung und Zärtlichkeit erreichen? Oder will er mehr Entlastung und Hilfe vom anderen? Braucht er mehr Sicherheit vom anderen?

Wie schwierig und verwirrend die Suche nach dem eigentlichen, dahinter steckenden Anlaß ist, zeigt das völlig widersprüchliche Ergebnis zweier wissenschaftlicher Untersuchungen der jüngsten Zeit: Mangelnde Zuwendung vom Partner und unbefriedigenden Sex nennt die eine mit 75 Prozent als Hauptursache für Partnerkrisen (Hahlweg u. a. 1980), mit nur 5 Prozent gibt die andere Untersuchung diesen Bereich als Konfliktherd (Eysenck 1983) an letzter Stelle an.

Wahrscheinlich wird es nie ein Bereich allein sein und überdies kann der Grund im Lauf der Zeit sich ändern. Dennoch lohnt die Suche nach dem Streitobjekt, weil auf diese Weise auch die positiven, tragenden und guten Teile der Partnerschaft in Erinnerung kommen.

Die Suche nach dem Streitobjekt auf der Grundlage der Frage, wozu einer mit dem Partner streitet, macht rasch deutlich, ob der eingeschlagene Weg auch der richtige ist. Mit Vorwürfen, Anklagen und Gejammere ist dagegen nur wenig an Liebe vom Partner zurückzugewinnen.

Streitstrategie

Nach der Bestandsaufnahme, der Analyse der Eigenbeteiligung und der Suche nach dem Streitobjekt forscht das Paar gemeinsam weiter nach der Streitstrategie.

4. Das Paar überprüft seine Streitstrategien, indem es die verschiedenen Partnerstile vergleicht. Dabei werden ganz bestimmte Muster deutlich: *Sinnlosstreit:* Beide greifen an, wollen Recht behalten und packen aus dem Museum ihrer Partnergeschichte eine Schuldzuweisung nach der anderen aus. Je mehr Beweise der eine heranzieht, um so mehr Gegenbeweise tritt der andere an, manchmal bis zum Durchdrehen oder zur Gewaltanwendung oder aber auch zum plötzlichen Zusammenbruch des Partners.

Am tragischsten an solchen gegenseitigen Beweisführungen ist der Umstand, daß oft beide Partner recht haben, jeder für sich menschlich sympathisch und attraktiv ist und die Verhaltensweisen der beiden sich nur scheinbar unversöhnlich gegenüberstehen. Dabei entstehen oft Endlosdebatten und hilflose Erklärungsversuche, Gerede tritt an die Stelle direkten Gefühlserlebens.

Es ist erstaunlich, mit welcher Vielfalt und Ausdauer solche Sinnlosstreite geführt werden: manche reden sich nicht tot, sie schweigen sich tot – oder bestrafen den anderen – und sich selbst – durch Liebesentzug; manche wiederholen dieselben Vorwürfe in derselben Form mit der gleichen Kritik jahrelang, usw.

Alibistreit: In Wirklichkeit geht es dabei um ein tabuisiertes, verborgenes Thema, z. B. Sexualität, aber gestritten wird um die Kindererziehung. Bald reicht dieses Kampfgebiet nicht mehr aus, und es werden neue Bereiche miteinbezogen. Statt sich auf das Streitobjekt begrenzen zu können, wird am Schluß über alles andere gestritten, eine Lösung rückt in immer weitere Ferne. Ursache für solches Verhalten dürfte oft Ängstlichkeit, Prüderie oder Hilflosigkeit sein.

Streitzirkel: Das Ingangsetzen solcher Fehlerkreise geschieht meist unbewußt und ist den Streitenden oft nur schwer vermittelbar, zeigt aber am deutlichsten die Erlebnisverschränkung im Zusammenhang mit den Partnerstilen (zur Zeichnung vgl. Rausch u. a. 1974).

Sicherlich ist es Schwerstarbeit für ein Paar, sich diese Streitstrategien zu erarbeiten, Sinnlosstreit, Alibistreit, Streitzirkel und andere mögliche Strategien zu erkennen. Allzuleicht besteht die Gefahr, auf sich selbst oder die eingeschliffenen Streitrituale hereinzufallen. Freunde können dabei wirksame Helfer sein, sofern es ihnen gelingt, unparteiisch zu bleiben.

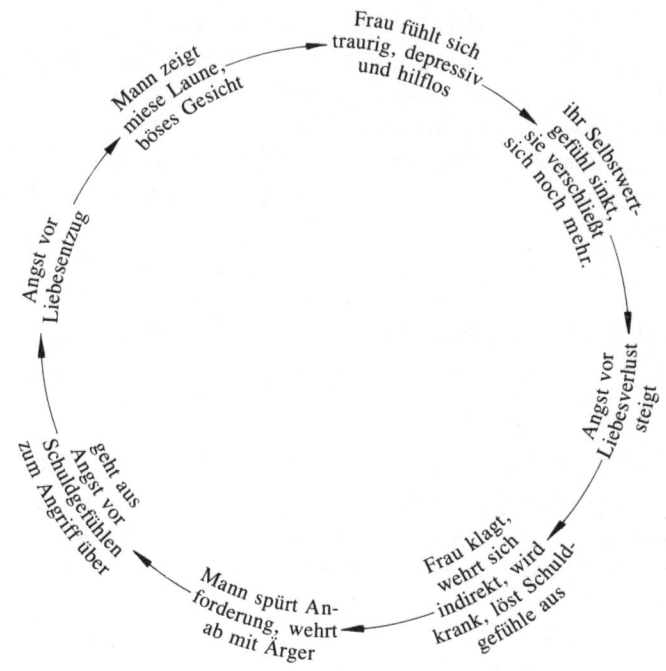

Frau fühlt sich traurig, depressiv und hilflos

ihr Selbstwertgefühl sinkt, sie verschließt sich noch mehr.

Mann zeigt miese Laune, böses Gesicht

Angst vor Liebesverlust steigt

Angst vor Liebesentzug

geht aus Angst vor Schuldgefühlen zum Angriff über

Mann spürt Anforderung, wehrt ab mit Ärger

Frau klagt, wehrt sich indirekt, wird krank, löst Schuldgefühle aus

Es ist wahrhaftig schon ein kräftiger Anlaß zu Optimismus und berechtigter Hoffnung auf Verbesserung, wenn es dem Paar gelingt, die gemeinsame Problemerforschung mit ihren einzelnen Schritten der Bestandsaufnahme, der Eigenbeteiligung, der Suche nach dem Streitobjekt und der Überprüfung ihrer Streitstrategien durchzustehen.

Die Problemerforschung kann aber auch zu einem ganz andern Ergebnis führen: zeigt sich nämlich, daß der eine unter dem Verhalten des anderen in seiner persönlichen Substanz zerbricht, daß statt Entfaltung und Neuschöpfung auf weite Sicht nur existentielle Gefährdung, Angst und Chaos eintreten, dann ist es Zeit, die Konsequenz aus dieser Bestandsaufnahme zu ziehen, selbst für die Kinder ist Trennung dann ein besserer Neuanfang. In einem solchen Fall bedeutet der Vollzug der Trennung die

Befreiung von Tyrannei und Terror, von Unterdrückung und seelischer Ausbeutung. Sie wird nötig, wenn der eine auf Kosten des anderen lebt oder dessen Lebenskraft mißbraucht, um seine eigene Lebensschwäche auszugleichen.

Es mag viele Motive geben, eine Partnerschaft aufrechtzuerhalten, keines ist stichhaltig genug, um darin den seelischen Tod zu erleiden.

Aktive Auseinandersetzung und Partnerstile

Selbstverständlich sind die Fortsetzung der Partnerschaft und die Problemerforschung bereits direkte Formen aktiver Auseinandersetzung. Dennoch sind es vor allem die Partnerstile, die hier noch einmal in den Brennpunkt rücken.

Obwohl alle Menschen dazu neigen, unter Druck und in einer besonderen Krisensituation mit reduzierten, eingefahrenen, zumeist verarmten Verhaltensweisen zu reagieren, wird bei Partnerkrisen in besonderem Maße das volle Repertoire an Partnerstilen nötig (vgl. Kap. 3).

Die positive Möglichkeit der Introjektion: Fähigkeit zur Selbstkritik und Rückstellung eigener Interessen, ausgleichende Friedfertigkeit und das Anerkennen einer anderen Meinung, werden genauso gebraucht wie die Projektion: Fähigkeit zur klaren Abgrenzung, zum Nein-Sagen, die eigenen Wünsche anmelden, Mut, sich auch im Angriff durchzusetzen. Die Retroflektion: planendes Handeln und sinnvolle Zielüberlegungen, Beherrschung der eigenen Triebimpulse und verläßliche Lebensgestaltung, gehören ebenso dazu wie die Konfluenz: offene und direkte Gefühlsentfaltung, so daß für den Partner die eigene Wut, Verzweiflung, Kummer und Schmerz miterlebbar werden, spontane Ausbrüche und die Kraft, Normen und Regeln zu durchbrechen und die Liebe über alle Berechnungen zu stellen.

Immer wieder habe ich beim Schreiben das Gefühl, nicht deutlich genug zeigen zu können, wie stark der eigene Stil den Partner unmittelbar beeinflußt, ihn mitreißt oder auf ihn abfärbt, ihn öffnet oder einmauert. Partnerstile sind dabei mehr als bloße Kommunikation oder Sprache oder reine Umgangsform: sie sind direkte Energie und Kraft, Ausdruck und Überbringer meines eigenen Lebensgefühles, Träger meines Ichs. Tatsächlich kann der Partner sich nur mit mir auseinandersetzen und Leben mit mir teilen, wenn ich mich erlebbar mache und vermittle, wenn er mich selbst erfahren kann. Die tiefste Liebe kann nicht gedeihen, wenn sie im Inneren einer Seele verschlossen bleibt, wenn sie nicht Ausdruck findet im Lächeln eines Gesichtes, im Umfassen von Armen, nicht spürbar wird in der Wärme des Körpers. Ebenso notwendig brauchen Trauer und Schmerz, Glück und Verzweiflung, Sinnlichkeit und Hingabe den ganzen Menschen als Übermittler, damit all diese Lebensgefühle sich im Partner spiegeln.

Jeder kann diese vier Partnerstile voll entfalten, überall finden wir Lehrbeispiele dafür: im spontanen Ausdruck der Kinder mit ihrem Toben, Schreien, Weinen und Lachen, in der wechselnden Stimmung der jahreszeitlichen Wetterlagen mit ihren Stürmen, heißen Sommernächten und kalten Wintertagen, im prickelnden Föhnwind und im milden Herbst-Sonnen-Licht. Die Welt um uns herum ist ein guter Lehrmeister unserer Entfaltungsmöglichkeiten.

Menschliche Aufgabe und Verantwortung für die Partnerschaft ist, die eigenen Talente und inneren Fähigkeiten auszuleben, über Selbstentfaltung und Selbstverwirklichung hinaus ein erfüllter Partner zu werden und dadurch den Partner in seiner Ganzheitlichkeit zu fördern.

Partnerschaft braucht den voll entfalteten Menschen, das ganze Ich – amputierte, geteilte oder halbe Partnerstile führen immer auch nur zu halben und damit krisenanfälligen Lösungen.

Im Konfliktstadium der Partnerschaft geht es ja darum, mehrere Ziele gleichzeitig anzustreben:

- vor allem die gegenseitige Attraktivität zu erhalten oder wieder herzustellen,
- eine optimale Form der Auseinandersetzung zu finden,
- eine konstruktive Bewältigung der Konflikte zu erreichen,

- bei Krisenhöhepunkten den Schaden kleinzuhalten, die Beziehung wiederaufzubauen.

Regeln, gute Vorsätze und Techniken helfen dabei allerdings meist nur punktuell, da die Konfliktbewältigung normalerweise lange Zeiträume in Anspruch nimmt, immer wieder neue Überlegungen erfordert, neue Betrachtungsweisen, ideenreiche Versuche und vor allem scheinbar gegensätzliches Verhalten: Geduld und Bedrängen, Versöhnung und Angriff, Nachgeben und Herausforderung, Demut und Stolz, Hingabe und Abgrenzung, Hoffnung und Verzweiflung, Planung und Spontaneität, Sieg und Niederlage, Verzicht und Erfüllung.

Es ist einleuchtend: Wer nur oder überwiegend nachgibt oder hauptsächlich angreift, erreicht beim anderen genauso einseitige Reaktionen, die auf Dauer immer unbefriedigend bleiben. Erst die Kombination aller Partnerstile schafft die notwendige Beweglichkeit und Kreativität, die Auseinandersetzung mit dem Partner so zu gestalten, daß sie aufbauend wirkt. Solche Partner wirken dann auch auf Dauer attraktiv, da sie körperliche, geistige und gefühlsmäßige Ausdruckskraft zeigen. Sie haben alle Formen der Auseinandersetzung zur Verfügung und können sich dadurch auf den Partner einstellen, ohne sich selbst zu verlieren.

So fließt das Wechselspiel von Partnerbindung und Selbstentfaltung, von Hingabe und Abgrenzung im Gleichgewicht der Kräfte weiter auf dem Weg zur Partnersynthese.

Literatur

Adenauer, Paul: Ehe und Familie. Ein pastorales Werkbuch. Mainz: Grünewald, 1972.

Auckenthaler, Anna: Klientenzentrierte Psychotherapie mit Paaren. Stuttgart: Kohlhammer, 1983.

Bach, George R.: Streiten verbindet. Düsseldorf: Diederichs, 1975.

Bach, George R.: Aggression lab. Hamburg: Altmann, 1972.

Bamberger, Günther G.: Gestörte Ehen und ihr soziologischer Kontext. Kevelaer: Butzon & Bercker, 1974.

Beeck, Hans: Das heilsame Gesetz, im Lichte von Yin und Yang. München: Drei Eichen, 1963.

Besems, Thijs: Philosophisch-anthropologische Bemerkungen zur Integrativen Therapie/Gestalttherapie in: Integrative Therapie Heft 3/4. Paderborn: Junfermann, 1977.

Bitter, Wilhelm: Der Verlust der Seele. Freiburg: Herder, 1969.

Buber, Martin: Ich und Du, Heidelberg: L. Schneider, 1958.

Cameron-Bandler, Leslie: Wieder zusammen finden. Paderborn: Junfermann, 1983.

Capra, Fritjof: Wendezeit. Bausteine für ein neues Weltbild. München: Scherz, 1983.

Cardenal, Ernesto: Das Buch von der Liebe. Gütersloh: Gütersloher Verlagshaus, 1981.

CDA Sozialausschüsse 19. Bundestagung: Familie, Freizeit, Zukunft. »Die sanfte Macht der Familie« 19. Bundestagung 11. Oktober 1981.

Chang, Jolan: Das Tao der Liebe. Reinbek: Rowohlt, 1977.

Cöllen, Michael: Aktive Konfliktlösung im Rahmen der Gruppentherapie. In: Partnerberatung Heft 1/1979. Tübingen: Katzmann.

Colgrave, Sukie: Yin und Yang. Bern: Scherz, 1980.

Comfort, Alex: Freude am Sex. Frankfurt: Ullstein, 1976.

Dicks, Henry: Marital Tensions, London: Routledge and Kegan Paul, 1969.

Downing, Georg: Partnermassage. München: Goldmann, 1973.

Dreikurs, Rudolf: Die Ehe – eine Herausforderung. Stuttgart: Klett, 1976.

Eichenbaum, Luise/Orbach, Susie: Feministische Psychotherapie. München: Kösel, 1984.

Erikson, Erik H.: Identität und Lebenszyklus. Frankfurt/M.: Suhrkamp, 1981.

Fagan, Joan/Shepherd, Irma: Gestalttherapie now. Harmondsworth: Penguin Books, 1970.

Ferguson, Merrilyn: In Psychologie heute: Aus der inneren Mitte die Welt verändern? Heft 4/82 Seite 28, Weinheim: Beltz.

Friday, Nancy: Man in love. New York: Dell, 1980.

Friday, Nancy: My secret garden, New York: Trident press, 1976.

Fromm, Erich: Haben oder Sein. Stuttgart: Deutsche Verlagsanstalt, 1976.

Fromm, Erich: Die Kunst des Liebens. Frankfurt/M.: Ullstein, 1980.

Gillies, Cherry: Transzendenter Sex. Wien: Paul Zsolnay, 1980.

Guggenbühl-Craig, A.: Die Ehe ist tot – lange lebe die Ehe. Zürich: C. G. Jung-Institut, 1976.

Guenther, Herbert: Tantra als Lebensanschauung. München: Scherz/ O.W. Barth, 1974.

Guha, Anton-Andreas: Sexualität und Pornographie. Frankfurt: Fischer, 1971.

Habermas, Jürgen: Zur Entwicklung der Interaktionskompetenz. Frankfurt: Gesellschaft zur Förderung der Wissenschaft, 1975.

Haeberle, E. J.: Die Sexualität des Menschen. Handbuch und Atlas. Berlin: de Gruyter, 1983.

Hahlweg, Kurt: Analyse dyadischer Interaktion. Implikationen für die Therapieentwicklung. In: Luer, J. (Hrsg.): Bericht des 33. Kongresses der DGsPs. Göttingen: Hogrefe, im Druck.

Haich, Elisabeth: Sexuelle Kraft und Yoga. Stuttgart: J. Fink, 1966.

Hare-Mustin, Rachel: Feministische Überlegungen zur Familientherapie. In: Familiendynamik Heft 3/1979. Stuttgart: Klett-Cotta.

Heiman, Julia/LoPiccolo, Leslie und Josef: Gelöst im Orgasmus. Frankfurt: Werner Flach, 1978.

Heinl, Hildegund/Petzold, Hilarion: Gestalttherapeutische Fokaldiagnose und Fokalintervention in der Behandlung von Störungen aus der Arbeitswelt. In: Integrative Therapie 1/80 Seite 20–57. Paderborn: Junfermann.

Hehlmann, Wilhelm: Geschichte der Psychologie. Stuttgart: Kröner, 1963.

Hite, Shere: Hite-Report. Das Sexuelle Erleben der Frau. München: C. Bertelsmann, 1978.

Hueck, Walter: Die Polarität der Wahrheit. Remagen: Reichel, 1961.

I Ging: Das Buch der Wandlung. Text und Materialien. Düsseldorf: Diederichs, 1976.

Illich, Ivan: Genus. Reinbek: Rowohlt, 1983.

Jacobson, Nils/Margolin, Gayla: Marital Therapie. New York: Penguin Books, 1979.

Jaeggi, Eva: In Psychologie heute: Wenn Ehen älter werden. Heft 9/82 Seite 22. Weinheim: Beltz.

Jung, C. G.: Praxis der Psychotherapie. Olten: Walter, 1979.

Jürgens, Hans W.: Partnerwahl und Ehe. Theorie und Praxis. Hamburg: Altmann, 1973.

Kaplan, Helen Singer: The New Sex Therapie. London: Bailliere & Tindall, 1974.

Kawano, Kiyozuni: Tao der Ehe. Schorndorf: WBV Biologische-Medizinische-Verlagsgesellschaft, 1981.

Kelly, Petra K.: Um Hoffnung kämpfen. Bornheim-Merten: Lamiw, 1983.

Krantzler, Mel: Kreative Scheidung. Reinbek: Rowohlt, 1977.

Leboyer, Frédérick: Sanfte Hände. Die traditionelle Kunst der indischen Baby-Massage. München: Kösel, 1979.

Leist, Fritz: Der sexuelle Notstand und die Kirchen. Freiburg: Herder Verlag, 1972.

Lemaire, Jean-G.: Leben als Paar. Olten: Walter, 1980.

Leutz, Gretel: Psychodrama. Berlin: Springer, 1974.

Lewin, Kurt: Die Lösung sozialer Konflikte. Bad Nauheim: Christian, 1968.

Liedloff, Jean: Auf der Suche nach dem verlorenen Glück. München: C. H. Beck, 1980.

Lowen, Alexander: Lust. München: Kösel, 1979.

Luhmann, Niklas: Liebe als Passion. Frankfurt: Suhrkamp, 1982.

Mandel, Karl Herbert: Therapeutischer Dialog. München: Pfeiffer Verlag, 1979.

Masters, William/Johnson, Virginia: The pleasure bond. Toronto: Bantam Books, 1974.

Merfeld, Mechthild: Die Emanzipation der Frau in der sozialistischen Theorie und Praxis. Reinbek: Rowohlt, 1972.

Meulenbelt, Anja: Für uns selbst. München: Frauenoffensive, 1980.

Moreno, J. L.: Psychodramatic treatment of marriage problems. In: Sociometrie, Volume III, January 1940 Nr. 1, Seite 1–23.

Paul, Diana Y.: Die Frau im Buddhismus, Hamburg: Papyrus, 1981.

Perls, Frederik S.: Grundlagen der Gestalttherapie. München: Pfeifer, 1973.

Perls, Frederik S.: Die Integration der Persönlichkeit. Theoretische Erwägungen und therapeutische Möglichkeiten (1948). Wiedergegeben in: Integrative Therapie, Heft 1/1978. Paderborn: Junfermann.

Perls, Frederick S.: Das Ich, der Hunger und die Aggression. Stuttgart: Klett, 1978.

Perls, Frederick/S. Hefferline, Ralf/Goodman, Paul: Gestalt-Therapie. Lebensfreude und Persönlichkeitsentfaltung. Stuttgart: Klett-Cotta, 2. Aufl. 1981.

Perls, Frederick S./Hefferline, Ralf/Goodman, Paul: Gestalttherapie. Wiederbelebung des Selbst. Stuttgart: Klett-Cotta, 2. Aufl. 1981.

Petzold, Hilarion: Das Ko-respondenzmodell in der integrativen Agogik. In: Integrative Therapie, Heft 1/1978, S. 21–58. Paderborn: Junfermann.

Petzold, Hilarion: Die neuen Körpertherapie. Paderborn: Junfermann, 1977.

Petzold, Hilarion: Psychotherapie und Körperdynamik. Paderborn: Junfermann, 1979.

Petzold, Hilarion: Theater oder Das Spiel des Lebens. Frankfurt: Werner Flach, 1982.

Petzold, Hilarion: Integrative Dramatherapie. In: Integrative Therapie. Paderborn: Junfermann, 1/1981.

Petzold, Hilarion: Modelle und Konzepte zu integrativen Ansätzen der Therapie. In: Integrative Therapie, Heft 4/1984. Paderborn: Junfermann.

Peukert, Ursula: Interaktive Kompetenz und Identität. Düsseldorf: Patmos, 1979.

Pilgrim, Volker Elis: Der Untergang des Mannes. München: Goldmann, 1973.

Polster, Erving/Polster, Miriam: Gestalttherapie. München: Kindler Verlag, 1975.

Preuss, Hans G.: Ehepaartherapie. München: Kindler, 1973.

Reich, Wilhelm: Die Entdeckung des Orgons. Die Funktion des Orgasmus. Frankfurt: Fischer Tb, 1975.

Reich, Wilhelm: Die sexuelle Revolution. Frankfurt: Fischer Tb, 1982.

Reiter, Ludwig: Gestörte Paarbeziehungen. Göttingen: Verlag für medizinische Psychologie, 1983.

Rogers, Carl R.: Encounter Gruppen. Das Erlebnis der menschlichen Begegnung. München: Kindler, 1974.

Rogers, Carl R.: Partnerschule. München: Kindler Verlag, 1975.

Rostocker Fortbildungstage: Partnerschaft und Familienplanung. Band I und II, Rostock 1979–1980. Rostock: Wilhelm-Pieck-Universität.

Satir, Virginia: Familienbehandlung. Kommunikation und Beziehung in Theorie, Erleben und Therapie. Freiburg: Lambertus, 1973.

Sohn, Gerhard: Das amerikanische Programm der humanistischen Psychologie. Bielefeld: Pfeffer Verlag, 1976.

Solè, Jacques: Die Liebe in der westlichen Kultur. Frankfurt: Propyläen, 1979.

Süss, H. J.: Gestalttherapie. In: Handbuch der Psychologie Band 8, II. Göttingen: Hogrefe, 1978.

Singer, June: Nur Frau – Nur Mann? Wir sind auf beides angelegt. München: Pfeiffer, 1981.

Sigusch, Volkmar: Vom Trieb und von der Liebe. Frankfurt: Campus, 1984.

Stierlin, Helm: Das Tun des Einen ist das Tun des Anderen. Frankfurt: Suhrkamp, 1971.

Schelling, Bettina: Die Betrachtung von Partnerschaft als Modell des dualen Entwicklungsgefüges. Unveröffentlichte Diplomarbeit Hamburg: Universität Hamburg, Fachbereich Psychologie, 1982.

Schlippe, A./Essen, S.: Die Familienperspektive überschreiten. Überlegungen von Familientherapeuten zu gesellschaftlichen Prozessen. In: Integrative Therapie, Heft 3/1982. Paderborn: Junfermann.

Schmidt, Gunter/Schorch, Eberhard: Ergebnisse zur Sexualforschung. Köln: Kiepenheuer & Witsch, 1975.

Schmidtchen, Stefan: Klientenzentrierte Familientherapie. In: Christine Schneider (Hrsg.:) Schulen der Familientherapie. Paderborn: Junfermann, 1983.

Scholz, Berndt O.: Zum Nutzen einer zielorientierten Behandlungsstrategie in der Ehetherapie. In: Partnerberatung, Heft 2/1982. Tübingen: Katzmann, 2/1982.

Schönberger, Martin-Maria: Von der Sexualität zur Polarität. Hamburg: Papyrus, 1982.

Schott, Albert: Das Gilgamesch-Epos. Hrsg. Wolfram von Sodon. Stuttgart: Reclam, 1982.

Talese, Gay: Der Talesereport. Wien: Fritz Molden, 1980.

Tannahill, Reay: Kulturgeschichte der Erotik. Frankfurt: Ullstein, 1983.

Thirleby, Ashley: Das Tantra der Liebe. München: Scherz, 1978.

Thürmer-Rohr, Christina: Die gespenstischen Paradiese der Männer und die Hoffnungslosigkeit der Frauen. In: Psychologie heute, Heft 1/1984. Weinheim: Beltz.

Thurn, Fritz: Die Weisheiten der Aspasia, Stuttgart: Europäische Bildungsgemeinschaft.

Verband katholischer Ehe-, Familien- und Lebensberater (Hrsg.): Eheberatung, Heft 19/20 1979. Berlin: Christa-Maria Kruse.

Vogel, Hedi: Scheidungsratgeber von Frauen für Frauen. Reinbek: Rowohlt, 1981.

Wendt, Hermann: Integrative Sexualtherapie, München: Pfeiffer, 1979.

Wickler, Wolfgang/Seibt, Ute: männlich-weiblich. München: Piper, 1983.

Willi, Jürg: Die Zweierbeziehung. Reinbek: Rowohlt, 1975.

Willi, Jürg: Therapie der Zweierbeziehung. Reinbek: Rowohlt, 1978.

Winkelvoss, Heide: Enlightenment intensive. Unveröffentlichte Diplomarbeit. Hamburg: Universität Hamburg, Fachbereich Psychologie, 1979.

Wrage, Karl Horst: Selbstverwirklichung innerhalb der Partnerschaft. In: Schleswig-Holsteinisches Ärzteblatt, Heft 10/1979.

Watts, Alan: Psychotherapie und östliche Befreiungswege. München: Kösel, 1981.

Zuber, H.: Gestörte Ehen. In: Bamberger, Günter: Gestörte Ehen und ihr soziologischer Kontext. Kevelaer: Butzon & Bercker, 1974.

Hinweis auf Möglichkeiten der Aus-, Fort- und Weiterbildung in Paar- und Sexualtherapie/Paarsynthese:

Informationsmaterial, Seminarangebote und Lehrpläne sind kostenlos erhältlich bei: Fritz-Perls-Institut, Leibnizstr. 52, 65 Mainz

Register

Abgrenzung 156
Aggression 140 f, 144, 163

Beziehungsstörungen 44, 165
Bindungsbereitschaft 16

Demokratisierung 12

Emanzipation 86 f
Erlebnisorientierung 126 ff,
 132 f
Erlebnisverschränkung 115,
 118, 186, 188

Familienrekonstruktion 177 f,
 179 f
Familientherapie 53
Feministische Therapie 49, 52 f

Gefühlsentfaltung 155 f
Gesprächstherapie 52
Gleichberechtigung 13, 61 f
Grundmodell Partnerschaft 15,
 32, 41, 54 f, 153

Hingabe 21 ff, 155
Homosexualität 61, 173

Identität 67, 70 f, 106, 115
Identitätsgefüge 54, 96, 104,
 106, 182
Individuation 60, 62, 122
Individuationsprozeß 23, 62

»Innere Scheidung« 116
Integration 63, 113 ff, 123 f,
 125, 144, 179
Integrative Gestalttherapie 53,
 95 ff
Introjektion 65, 71 ff, 87, 190

Körper 106 ff, 161 ff
Körperarbeit 106 f, 141 f
Koexistenz 59
Kommunikationsregeln 125 f
Kommunikationstherapie 48 f,
 52
Konfliktanfälligkeit 13, 32 f,
 172
Konfluenz 66, 82 ff, 190
Konsensfähigkeit 57
Kreativität 63
Krise 86, 87 f, 157, 182 f, 185
Krisenintervention 132

Langzeit-Bindung 153 ff
Liebe 54 ff
Lösung von Partnerproblemen
 14 ff, 151 ff

Männerkulturen 15

Neuorientierung 147 ff, 173

Orgasmus 122, 133, 173 f

Paardynamik 158, 159

Paar-Modell 10
Paartherapie 45 ff, 54, 98 ff,
    107, 119, 121 f, 157 ff
Partnerfähigkeiten 155 f
Partnergefüge 70
Partnersolidarität 25 f
Partnerstile 64 ff, 105
Partnersynthese 33 f, 44, 54,
    58 ff
Partnerwahl 45 f, 84 ff
Polarität 62 f
Polaritätsgesetz 39 f
Projektion 65 f, 74 ff, 190
Prozeßorientierung 125 f, 132
Psychoanalyse 45 f, 51

Regression 139
Retroflektion 66, 78 ff, 190

Samenerguß 173 f
Selbstbefriedigung 172
Selbstregulierung 95, 125
Selbstverwirklichung 60, 124,
    150, 156, 191
Setting 98 f, 112
Sexualität 120 f, 171 ff
Sexualtherapie 51

Sexuelle Störungen 142 f, 162,
    163 f, 172 ff
Sinnlichkeit 35, 168 ff
Sinnlosstrategie 126, 152, 188
Streitobjekt 186 f
Streitstrategie 187 f
Symbiose 23 f, 68 f, 82 f, 117
Systemstabilität 103 f

Taoismus 17 ff, 124
Treue 155

Übertragung 111 ff, 116 ff
Übungen 135 ff, 143, 146,
    148 ff, 164, 166 f
Untreue 26

Verhaltenstherapie 46 ff, 51
Versöhnung 156, 162

Widerstand 104 ff, 134

Yin-Yang-Prinzip 35 ff

Zerrüttung 105
Zwangsmoral 17 ff, 171 f, 177
Zweierbeziehung 12, 105, 116